INVENTAIRE
X 25474

X

25474

# COURS D'HINDOUSTANI

(URDU ET HINDI)

## A L'ÉCOLE IMPÉRIALE ET SPÉCIALE DES LANGUES ORIENTALES VIVANTES

PRÈS LA BIBLIOTHÈQUE IMPÉRIALE.

# DISCOURS D'OUVERTURE

## DU 7 DÉCEMBRE 1868.

MESSIEURS,

La revue que je donne chaque année, sous forme de discours d'ouverture, du mouvement intellectuel qui se produit dans l'Inde, spécialement pour ce qui concerne la culture des deux branches hindoue et musulmane de l'hindoustani, auxquelles je maintiens ce nom collectif, à l'exemple de mon maître John Shakespear, doit, ce me semble, intéresser tous ceux qui veillent au développement des progrès de l'esprit humain. Ils apprendront sans doute avec plaisir que dans l'année qui vient de s'écouler, les Indiens se sont avancés d'un pas encore dans cette voie.

I. Le *Brahma Sabhâ* (1), cette association réformatrice des Hindous qui veulent faire revivre ce qu'ils croient être les véritables doctrines de l'antiquité indienne, cette association, dis-je, prend chaque jour plus d'extension et d'importance. Elle se compose déjà de près de deux mille familles à

---

(1) Il a paru sur cette association, nommée aussi *Brahma Samâj* (expression qui signifie comme celle de *Brahma Sabhâ* « Société ou compagnie de Dieu »), un article très-intéressant dans le *Daily Telegraph* du 2 mai 1868.

Calcutta seulement, et elle compte ailleurs plusieurs milliers d'adhérents qui ont renoncé à l'idolâtrie, et qui ont secoué en principe le joug du système des castes, sans oser le faire néanmoins encore dans la pratique (1).

Le développement de cette société présage une ère nouvelle pour l'Inde, lorsqu'une heureuse alliance entre la civilisation occidentale et l'ancienne constitution indienne aura formé une sorte d'éclectisme vivifié sinon par le christianisme, du moins par un bienfaisant reflet de la vraie lumière, à laquelle les brahmanes membres du Brahma-Sabhâ doivent sans qu'ils s'en doutent leurs idées de réforme (2).

C'est le 24 janvier dernier qu'a été célébré l'anniversaire de la fondation de cette société, qui fut formée, il y a trente-huit ans, par le célèbre Ram Mohan Roy. A cette occasion, les membres de la compagnie partirent en procession de la maison du Babu Keschab Chandar, jeune homme de vingt-cinq ans, coryphée actuel de cette école d'unitaires hindous, pour se rendre à Mirzapur, où doit s'élever leur nouveau temple, en chantant des cantiques composés pour la circonstance. Ils portaient tous de petits drapeaux chargés de textes sanscrits exprimant leurs opinions. Arrivés à leur destination, la pose de la première pierre de l'édifice eut lieu en cérémonie, avec accompagnement de prières. Il y eut

---

(1) *Indian Mail* du 23 avril 1868.

(2) Un brahmane de Calcutta converti au christianisme, pour engager les membres du *Brahma Sabhâ* à faire un pas de plus et à reconnaître la vraie révélation, a publié à ce sujet une lettre qu'il leur a adressée pour leur faire comprendre qu'ils sont redevables des principes qu'ils professent à l'atmosphère chrétienne au milieu de laquelle ils vivent, bien plus qu'aux prétendues véritables doctrines de l'hindouisme, et qu'ils doivent être amenés à accepter l'ensemble de ce qu'ils adoptent en partie. *Colonial Church Chronicle*, n° d'avril 1868, d'après le *Southern Cross*.

Au surplus, il a paru dernièrement dans l'Inde plusieurs traités en défense des doctrines catholiques adressés aux membres du *Brahma Sabhâ*; tel est celui sur l'éternité des peines, par Nehemiah Goreh, brahmane de Bénarès converti au christianisme. *Col. Church Chron.*, septembre 1868.

encore le soir une réunion dans laquelle le babu prononça un discours plein de sentiments presque chrétiens, et le chant d'un hymne termina la solennité (1).

Le même babu a tenu peu de temps après, à Bombay (2), une séance dans laquelle il a éloquemment développé les principes de la société devant une assemblée choisie et nombreuse. Dans un premier discours, il a proclamé le Dieu inconnu, mais non à la vérité le Dieu des chrétiens que saint Paul prêcha à Athènes. Toutefois, à côté des pagodes qui entourent l'hôtel de ville (Town Hall) où il haranguait ses compatriotes, il déclama contre le vain culte qu'on rend aux idoles muettes de Wischnu et de Siva, de Ganescha et d'Hanuman, de Lakschmi et de Parvati; et il proclama la foi en l'unité de Dieu et en la morale qui en découle, la même, dit-il, que celle qui a été annoncée par le Christ. Il soutint que toutes les questions sociales sont renfermées dans la croyance en l'unité de Dieu, de laquelle dérive celle de l'unité de la famille humaine, et par conséquent la confraternité qui exclut la distinction des castes et qui exige l'égalité dans la justice, qui défend les mariages anticipés, la réclusion des femmes, le meurtre des enfants, les tortures religieuses, déplorables fléaux de l'Inde. « Si je crois, dit-il, en Dieu unique, je dois alors instinctivement regarder comme mes frères non-seulement tous les Hindous, mais les musulmans, les parsis et les Européens. »

Dans la seconde séance, le babu s'attacha à faire connaître les vrais caractères de la prière, qui doit surgir du cœur et ne pas être une récitation de mots appris par cœur et dont on ignore souvent le sens. Dans son amour de l'éclectisme, il mentionna des prières des Schâstars sanscrits, du

---

(1) *Indian Mail* du 12 mars 1868.
(2) L'association devant laquelle le Babu Keschab Chandar a parlé à Bombay est proprement appelée *Prathan Samâj* « Association de la prière », et elle paraît être identique au *Véda Samâj* « Association des Védas », dont j'ai parlé dans mon discours de l'an passé, p. 3 et 4.

Nouveau Testament, du Zend-Avesta et du Coran. « Prions tous un seul Dieu, s'écria-t-il, Hindous, parsis et musulmans, et puissent ces dénominations qui nous divisent cesser d'exister ! »

Dans une allocution qu'il fit à Bénarès devant une réunion dont faisaient même partie des Bengalaises, voilées à la vérité, le Babu Keschab Chandar tint à peu près le même langage (1).

En mars dernier, il présida à Dacca une assemblée de deux cent cinquante Hindous. Là on ouvrit la séance par la lecture du symbole de l'association, lequel est analogue à celui du *Véda Samáj* (2) et consiste dans les articles suivants :

« 1° *Om* (3). Dieu seul a existé avant toute chose. L'univers a été produit par sa volonté.

» 2° Il est le seul maître et créateur. Il est présent partout et il est tout-puissant. Il est invisible, existant par lui-même et sans égal. Il est la source du bien et de l'intelligence.

» 3° L'essence de son culte c'est de l'aimer et de bien agir.

» 4° Son service seul peut nous procurer le bonheur temporel et spirituel. »

Cette lecture fut suivie d'une prière plus indienne, c'est-à-dire empreinte de l'esprit payen du polythéisme ou plutôt du panthéisme, car elle débute par ces mots :

« *Om*. Seigneur, nous t'offrons nos hommages. Tu es dans le feu, tu es dans l'eau, tu es dans les plantes et les arbres, et tu pénètres tout l'univers (4). »

---

(1) A. S. Sherring, *The Sacred City of Benares*, p. 344.
(2) J'ai donné ce symbole dans mon discours du 2 décembre 1867, p. 3 et 4.
(3) Interjection mystérieuse par laquelle les Hindous commencent souvent leurs écrits, et sur laquelle on trouve de très-érudites considérations dans le n° de septembre 1866 des « Proceedings of the Asiatic Society of Bengal », par MM. J. Beames, H. Blochmann et Rajendra Lal Mitr.
(4) Le reste de cette prière est le développement du symbole ci-dessus.

Après la prière dont je viens de citer les premiers mots, un babu, autre que Keschab Chandar, prononça un discours dans lequel il loua le gouvernement anglais de ce qu'il admet la liberté de conscience, de ce qu'il favorise l'instruction et met ainsi les Hindous en position de recouvrer leur ancienne excellence, qui les distinguait jadis des habitants du globe.

Voici la description donnée par un témoin oculaire dans le *Bombay Times* d'une assemblée du Brahma Sabhà tenue à Calcutta : « La maison où se réunissent les adeptes n'a pas de marque extérieure : elle est située dans une rue habitée par les Indiens et très-fréquentée. Il y a deux marches à monter pour entrer dans la salle, qui est oblongue et garnie de bancs de bois, mais sans inscriptions ni emblèmes d'aucune sorte. Au milieu se trouve un endroit réservé entouré d'une balustrade; le sol de marbre est en partie recouvert d'un tapis. Il y a à gauche de l'endroit réservé un siége de marbre sur lequel étaient assis deux brahmanes, les jambes croisées, ayant devant eux des tabourets sur lesquels se trouvaient placés des livres de prières et d'hymnes. En face, de l'autre côté, on voyait une estrade en bois, sorte de chaire où était placé le chantre, qui avait derrière lui un harmonium que faisait résonner le fils aîné du président de l'ancien (1) *Brahma Samáj*, le Babu Debender Nath Tagore. On fit d'abord des prières, puis on lut des extraits des *Upanischads* sanscrits, et un des brahmanes assis dans l'endroit réservé débita un sermon fort court. Ensuite le chantre seul entonna des hymnes accompagnés du son de l'harmonium. La séance se termina par là, et les assistants quittèrent immédiatement la salle.

---

(1) Ce mot *ancien* paraît expliqué dans une lettre de la célèbre voyageuse Miss Carpenter (fille du Rév. Lant Carpenter, le commensal à Bristol de Ram Mohan Roy), d'après laquelle le chef (leader) actuel du *Brahma Sabhá* serait Debender Nâth Tagore, fils de feu Dwarka Nâth Tagore, ami de Ram Mohan Roy, et qui après lui visita Paris, où je l'ai connu. « Keschab Chandar s'est, dit Miss Carpenter, séparé de Debender Nâth et est devenu chef d'une nouvelle école plus avancée que l'autre. »

» Je dois avouer que tout cela me parut froid. On resta assis pendant tout le temps de la réunion, qui dura plus d'une heure et demie, sans se lever ni s'agenouiller, ni changer de posture. Toutefois l'auditoire, qui se composait d'une centaine de personnes, était très-attentif et donnait par moments des marques de dévotion. Il n'y avait aucune femme ni dans la salle ni autour. »

Les membres du Brahma Sabhâ ont adressé une supplique au gouvernement pour qu'il reconnaisse les mariages contractés entre eux selon leur rite, mais en même temps le Babu Keschab Chandar s'est prononcé contre l'idée qu'on avait émise d'inclure dans la légalisation des mariages des dissidents hindous et musulmans, les panthéistes, les utilitaires, les sceptiques et les rationalistes de toute espèce, avec lesquels leur réforme ne veut pas être confondue (1).

Les *chamars* (peaussiers, cuiratiers, tanneurs) forment une sous-caste de sudras qui est tenue en très-grand mépris par les Hindous. Ce mépris a paru tellement intolérable à un nombre considérable (environ quatre cent mille, dit-on) de ceux qui habitaient les provinces nord-ouest, qu'ils ont quitté le pays et sont allés demeurer sur le plateau de Chattigarh, dans la province d'Agra, près de la source du Mahanaddi (2). Là, quatre cents seulement ont continué à s'occuper de leur industrie, mais la plupart des autres se sont adonnés à la culture de la terre, et ils ont non-seulement rejeté la croyance aux castes, mais ils ont renoncé à l'idolâtrie et ont adopté la réforme des Satnami (3), sorte de déistes dont ils ont pris le nom. Cette réforme hindoue enjoint la charité dans toute l'étendue du mot, ordonne la prière, défend de fumer et de boire des liqueurs enivrantes (4).

---

(1) *Indian Mail* du 27 août 1868.
(2) *Times* du 20 octobre 1868.
(3) Adjectif dérivé de *Satnam* « le vrai nom (de Dieu). »
(4) H. H. Wilson a donné de longs et curieux détails sur cette secte

Sous le nom de *chaït-méla* « réunion (foire) du mois de mars-avril », des Bengalais ont tenu, au printemps dernier, une assemblée afin de s'entendre pour établir des sentiments de confraternité parmi les membres des différentes religions et des différentes classes des indigènes, et pour encourager et favoriser tout ce qui tient à l'amélioration générale. Un comité a été chargé d'établir les bases de ce qu'il y aurait à faire pour y parvenir; mais il faudrait avant tout, fait observer le journal (1) auquel j'emprunte cette nouvelle, renverser les barrières des castes, qui s'opposent à tout espoir d'unification. Toutefois cette tentative est louable et mérite la sympathie des Européens.

Il y a en ce moment, paraît-il, dans le Penjab un Hindou nommé *Râm Sing*, auteur d'une réforme puritaine des Sikhs, qui est venu à bout de faire quelques conversions parmi les musulmans. On prétend qu'il compte cent mille adeptes, mais que sa réforme est plutôt politique que religieuse (2).

Au surplus, la civilisation, telle que nous l'entendons et dans ce qu'elle a d'acceptable pour les Indiens, suit une marche ascendante. « L'homme, a dit Saadi, doit développer la capacité dont il est pourvu. Le bois d'aloès, sans l'odeur qui le distingue, ne serait que du bois à brûler. »

Un journal indigène (3) constate les progrès de l'Inde : « Il y a dix ans seulement, dit-il, on voyait les Indiens jeunes et vieux passer leur temps dans le désœuvrement. C'est tout autre chose aujourd'hui. Les enfants sont occupés à étudier, les jeunes gens et les hommes faits se livrent à leurs affaires, les gens âgés eux-mêmes ont secoué leur ancienne insouciance. Auparavant la paresse des laboureurs et des

---

dans son « Mémoire sur les sectes religieuses des Hindous », p. 336 et suiv. de la nouvelle édition in-8°.

(1) *Native Opinion* du 12 avril 1868.
(2) *Indian Mail* du 14 décembre 1867 et du 9 juillet 1868.
(3) Le *Soma-Prakásch* « l'Éclat lunaire ». (*Id.* du 30 juillet.)

manouvriers était cause qu'ils avaient difficilement de quoi pourvoir à leurs besoins, mais actuellement ils travaillent et ne manquent de rien. La diffusion de l'éducation, les progrès du commerce, et enfin la facilité des communications due aux chemins de fer, ont amené cette révolution. » Toutefois le journaliste hindou déplore « l'usage qui s'est introduit des liqueurs alcooliques et le déclin de la foi hindoue, qui est tel qu'on n'observe presque plus les cérémonies religieuses prescrites par les Schâstars, qu'on ne récite plus les prières qu'on doit faire trois fois par jour, qu'on n'allume plus les lampes de beurre clarifié, que les statues des dieux ont disparu et ont été renfermées dans des coffres. »

On trouve néanmoins dans les journaux indiens (1) des articles sur la négligence des princes et des dignitaires indigènes à s'instruire, et sur l'importance qu'il y aurait pour eux au contraire d'étudier l'histoire et les sciences utiles. On les excite à sortir de leur apathie et à suivre l'exemple des Européens, dont les plus distingués de naissance sont les plus empressés à acquérir des connaissances solides et variées. Ces mêmes journaux signalent cependant quelques nababs instruits et éclairés; tel est par exemple le souverain de Rampur, Muhammad Kalb Ali Khan, qui reçoit à ce sujet les plus grands éloges de la part des journalistes natifs, et qui est entre autres l'objet d'un éloquent et très-fleuri *cacida* de quatre-vingts vers urdus publié dans l'*Akhbâr* de Mirat (2). Tel est aussi le Maharaja de Kappurthala, qui a donné dix mille roupies (25,000 fr.) pour la diffusion des connaissances européennes au moyen de la langue usuelle (3).

Les indigènes ont besoin d'encouragements, aussi ne saurait-on trop applaudir à la détermination qu'a prise le gouvernement de s'adjoindre des notabilités indiennes. Cette

---

(1) Entre autres dans l'*Awadh Akhbâr* du 18 août 1868.
(2) A la suite du n° du 13 août 1868.
(3) *Indian Mail* du 9 avril 1868.

mesure, qu'on réclamait depuis longtemps, donne aux Indiens une grande satisfaction et les rattache d'autant plus à l'Angleterre, cette île que Procope, dans le sixième siècle, représentait comme « couverte de serpents, où les âmes des trépassés étaient conduites à minuit de la terre des Francs par des pêcheurs préposés à ces fonctions ».

D'après le nouveau *bill* de Sir Stafford Northcote, les Indiens pourront d'ailleurs être admis au service civil dans l'Inde sans être obligés de subir les mêmes examens que les Anglais.

Au surplus, bien des Indiens parlent et écrivent l'anglais avec une perfection remarquable. Un d'eux, Mahadéo Govind Ranad, de Kolapur, a pu être nommé professeur de littérature anglaise à l'*Elphinstone College* de Bombay, et on assure qu'il mérite tout à fait cet honneur (1).

A l'occasion de ce qu'on appelle le *Bism illah* (2) et l'entrée en éducation de l'héritier présomptif du MASNAD (trône) de Jonagarh, le Prince Buland-Akhtar (3), il fut tenu dans cette ville, le 22 juillet dernier, une assemblée à laquelle assistèrent, avec les parents du nabab de Jonagarh, un grand nombre de fonctionnaires et de notables, des schaïkhs et des ulémas. Le précepteur du jeune prince, Muhammad Khaïrat Ali, prononça en hindoustani un discours qui a été publié dans l'*Awadh Akbár* (4) et dont voici la traduction partielle :

« Avant de commencer l'éducation du prince héritier, il me paraît utile de dire quelques mots à la louange de la science. Toute connaissance est utile et profitable, car, d'après un philosophe, « il vaut mieux savoir qu'ignorer. »

---

(1) *Homeward Mail* du 10 février 1868.
(2) Ces mots signifient « Au nom de Dieu » et équivalent à notre signe de la croix. La cérémonie qui porte ce nom consiste à faire lire solennellement ces mots au jeune enfant qui apprend à lire. J'en ai parlé dans mon discours de l'an passé, p. 21 et 22.
(3) C'est-à-dire « Astre élevé ».
(4) N° du 18 août 1868.

» Vous qui aimez l'instruction, sachez que Dieu, qui a créé tant de choses dans le monde, y a donné le premier rang à la science. Or, connaître la formation des êtres, leur mode d'existence et leurs propriétés, c'est en quoi consiste la science. La science est la lumière, l'ignorance l'obscurité ; la science est l'âme du monde, sans elle le monde serait un corps (1) sans âme. La science est notre guide, sans elle on s'égare. La science est la richesse, l'ignorance la pauvreté ; la science est l'honneur, l'ignorance l'avilissement. On s'élève par la science, on s'abaisse par l'ignorance.

» L'homme, par son intelligence, son jugement et la distinction qu'il sait faire du bien et du mal, est la plus excellente des créatures. Or, l'intelligence et le jugement reçoivent leur lucidité par la science, et c'est par elle qu'est parfaite la connaissance du bien et du mal. Ce n'est donc que par la science que l'homme devient vraiment homme. La science peut seule le faire arriver à comprendre ce qu'il est et comment il est, d'où il vient et où il ira ; et lorsque l'homme se connaît lui-même, il connaît Dieu. Puis, selon sa capacité, il connaît toute la nature que Dieu a créée, il apprécie la puissance divine et comment Dieu règle tout et veille sur tout. Bref, la science éclaire les choses du monde et celles de la religion ; la langue humaine est incapable de la louer dignement.

» Il y a bien des sciences diverses relatives à ce qui peut contribuer à notre bien-être. Telles sont l'astronomie, par laquelle on explique la marche et la révolution des astres, leur lever et leur coucher, leur élévation et leur déclin. Le soleil réchauffe l'univers entier et le vivifie ; c'est à lui qu'on doit le changement des saisons. Le pôle guide la boussole au moyen de laquelle on peut, monté sur un navire, aller sur l'Océan et visiter le monde, faire parvenir les mœurs et les connaissances, les marchandises et les denrées

---

(1) A la lettre : « un moule (*câlib*) ».

d'un pays dans un autre. Telle est la science de l'agriculture, par laquelle on se procure les fruits et les grains qui servent de nourriture, et tant d'autres sciences qu'il serait trop long d'énumérer... Animaux, végétaux et minéraux, tout est destiné à notre usage, soit que nous nous en servions pour nos besoins ou pour notre agrément; et nous pouvons user de ces choses quand nous le voulons et les employer soit pour la santé, soit pour la maladie.

» Il n'y a que deux sortes de science : la science des choses spirituelles et celle des choses temporelles. En dehors de cela il n'y a rien, puisque par l'une nous connaissons Dieu et par l'autre la nature. Il faut donc que l'homme fasse ses efforts pour atteindre à ces connaissances, tout en confessant que ce n'est que par la faveur céleste et le don divin qu'il peut les acquérir. La raison, qui est chez tous les hommes le plus grand des bienfaits de Dieu, réside dans le cerveau ; mais c'est la science qui en est le polissoir. Si l'homme n'a pas soin de s'instruire, son esprit se rouille ; tandis qu'au contraire la science lui donne sa netteté, les ténèbres de la sottise en sont dissipées, et on obtient l'intelligence des choses....

» Mais si l'acquisition de la science est bonne pour tout le monde, elle est particulièrement nécessaire à ceux que Dieu a chargés de gouverner les hommes. Il faut qu'ils étudient pour administrer sagement et pour assurer la tranquillité et le bonheur de leurs sujets, le contentement de l'armée et le bien-être de tous. Ils doivent aussi faire des efforts pour répandre l'instruction, non-seulement dans l'intérêt de ceux qui leur sont soumis, mais pour eux-mêmes ; car ils trouveront par là, dans l'occasion, de la part de leurs sujets, un précieux secours. »

II. Après avoir parlé des réformes religieuses et sociales tout indiennes qui prennent naissance chez les indigènes, venons à la réforme bien autrement importante qu'amènerait chez eux l'adoption du christianisme. Mais leurs progrès vers la vraie religion ne sont pas aussi rapides, sans cependant n'être pas moins réels.

Les *Annales de la propagation de la foi* (1) portent le chiffre total des catholiques (romains) dans l'Inde à près de huit cent mille, dont cent soixante mille à Ceylan, ainsi que le fait savoir le vicaire apostolique de l'île, le Dr. Bonjean, évêque de Médéa (*in partibus infidelium*), qui se distingue par son ardeur à instruire les chrétiens indigènes et à défendre leurs intérêts spirituels (2).

Le Christ, prêché jadis dans l'Inde par saint Thomas lui-même, puis par un autre Thomas et plus tard par François-Xavier, l'est de nos jours encore par de zélés missionnaires; et vérifiant la parole biblique, Dieu l'y fait triompher de ses ennemis du vieux paganisme et du nouveau naturalisme.

« La lumière se manifeste pour les cœurs droits dans les ténèbres (3). » — « L'heure vient, et elle est déjà venue, où ceux qui sont morts (spirituellement) entendront la voix du Fils de Dieu (4). »

« Jésus-Christ a quitté la terre, mais son esprit toujours présent ne cesse d'animer son Église, qui est son corps mystique, auquel étant uni mystiquement, il influe sur tous les membres et leur donne la vie (5). »

Mrs. R. Clarke, d'Amritsir, dans une lettre en date du

---

(1) N° de mars 1867. Dans le N° de novembre 1868, on trouve un rapport très-intéressant et très-détaillé sur l'état des missions d'Agra par le vicaire-apostolique Mgr Jacopi.
(2) « Answers to the Questions proposed by the subcommittee of education of Ceylon », by the Rev. Ch. Bonjean, Colombo, 1867.
(3) Ps. CXI, 4.
(4) Évangile de saint Jean, v, 25.
(5)     Discessit et suis adest,
        Præsente semper spiritu;
        Miscens suo se corpore,
        Omnes in artus influit.
(Hymne des premières vêpres de l'oct. de l'Ascension de la Liturgie parisienne.)

13 février dernier, me donne des nouvelles du *Church Mission* de cette ville. « Les progrès du christianisme, dit-elle éloquemment, en bon français, sont lents, mais ils ne sont pas décourageants. Quand de temps en temps il se détache un glaçon de l'océan d'indifférence et de paganisme qui nous environne, le courant qui s'établit entraîne plus d'une âme vers les rives du salut et donne aux esprits réfléchis un élan qui les conduit aux routes de l'éternité..... »

La mission de l'Église libre d'Écosse, fondée à Nagpore par le savant philanthrope E. Bishop, travaille activement à l'œuvre de civilisation chrétienne. La mission américaine de Lahore est très-prospère. Sir Donald Mac Leod a présidé au commencement de cette année la distribution des prix aux élèves du collège que les missionnaires ont établi dans cette ville, et il a insisté sur l'importance de la culture des langues parlées dans le pays, connaissance indispensable, tant pour la prédication que pour la rédaction des traités religieux à distribuer aux natifs (1).

A Séhore, dans le territoire de la Bégam de Bhopal, on a bâti une belle église, qui a coûté de construction près de quarante mille roupies (100,000 fr.), fournies en grande partie par la Bégam, par le Holkar d'Indore, et par de notables indigènes (2).

Le nombre des églises anglicanes où on célèbre le dimanche le service divin et où on récite journellement des prières, s'est considérablement accru (3).

Une mission qu'on peut appeler « médicale » s'est formée à Dehli, à l'effet d'agir auprès des femmes indigènes,

---

(1) Le *Colonial Church Chronicle* (n° de septembre 1868) annonce que le *Vernacular Committee* de la Société pour propager la connaissance du christianisme (*Society for promoting christian knowledge*) prépare pour les provinces nord-ouest des traités et des livres chrétiens en hindoustani-urdu.
(2) *Indian Mail*, 5 mars 1868.
(3) *Ibid.*

dans le double but de soulager leurs souffrances physiques et de leur faire parvenir la connaissance du christianisme. Une dame qui possède toutes les qualités que demande la tâche qu'elle a entreprise s'est chargée d'aller trouver les Indiennes dans leurs zénanas et de les former à soigner les malades, et elle s'est déjà acquittée de ces fonctions avec plus de succès qu'on n'espérait. Il y a à Dehli beaucoup de femmes pauvres qui pourront trouver par là une occupation lucrative, quand elles auront acquis les connaissances nécessaires (1).

Depuis ma dernière allocution, l'éminent évêque de Calcutta, métropolitain de l'Inde et de Ceylan, a lu dans sa cathédrale, le 12 décembre dernier, son premier mandement, dont il a bien voulu m'envoyer un exemplaire. Nous y apprenons que déjà à cette époque il avait administré la confirmation dans quarante stations, tenu vingt-cinq réunions de laïques (2), visité des écoles et des collèges, vingt-quatre hôpitaux et quatre prisons, consacré trois nouvelles églises et béni neuf cimetières. C'est dans ces visites et ces cérémonies qu'on a pu juger non-seulement de son zèle apostolique, mais de sa grande facilité à parler les langues des indigènes et spécialement l'hindoustani. Dans son mandement, il adresse à son clergé les plus salutaires avis et l'engage à s'appliquer avec soin à l'étude des langues du pays, afin de pouvoir se mettre en rapport avec les natifs, dont les superstitions perdent chaque jour du terrain, mais sans cependant le céder encore à l'Église. « Les Indiens, il est vrai, dit le vénérable Prélat, rendent généralement justice à la pureté des principes chrétiens, à la sainteté du caractère de Notre-Seigneur Jésus-

---

(1) *Indian Mail*, 30 janvier 1868.
(2) Non content de s'occuper des intérêts religieux de ses ouailles, Mgr Milman, suivant l'exemple de son prédécesseur le docteur Cotton, donne de temps en temps, lorsqu'il est à sa résidence officielle, des soirées littéraires et scientifiques auxquelles il invite non-seulement les Européens, mais les indigènes tant Hindous que musulmans.

Christ; mais quand ils voient ce qui se passe chez les chrétiens actuels, ils le trouvent en contradiction avec la théorie. Des nuages de difficultés s'interposent entre eux et la vérité, et leur cœur reprend son inquiétude. Le torrent du rationalisme, qui sillonne de nos jours l'Europe, fait sentir chez eux son influence; et quand ils voient tant de chrétiens ne pas croire eux-mêmes à leur religion, peuvent-ils être portés à y croire? » « Mais, ajoute Mgr Milman, les résultats des doctrines matérialistes abaissent tellement l'esprit et la nature de l'homme, ils le font si visiblement revenir aux anciennes théories de révolutions et de transmigrations sans fin, ou à un froid et désespérant fatalisme, une absorption et une annihilation telle que l'offre le panthéisme, que je ne pense pas que les théories actuelles doivent vivre plus longtemps dans leur phase présente qu'elles ne l'ont fait dans leurs anciennes formes et leurs développements antérieurs. » Je le crois aussi et je l'espère avec tous les vrais chrétiens.

« L'heure du péril est un moment favorable pour le réveil de la foi. Le minuit le plus sombre est souvent pour la foi un radieux midi (1). »

A Calcutta, sous les auspices de deux Hindous convertis, le Rév. Professeur Banerjee et le Babu Gamendra Mohan Tagore, il s'est formé une association pour promouvoir la piété des nouveaux chrétiens et pour défendre leurs droits (2).

Il y a eu encore cette année quelques conversions de notables musulmans, et on compte parmi les personnes nouvellement baptisées plusieurs princesses de la maison royale de Dehli.

D'autre part, l'*Awadh Akhbâr* du 2 juillet dernier annonce

---

(1)  The hour of peril is to faith
    A season opportune;
   And darkest midnight is to her
    A bright and glorious noon.
     (Ch. Wordsworth, *Holy Year*, hymn 84.)
(2) *Colonial Church Chronicle*, oct. 1868.

la conversion à l'islamisme d'un Hindou très-distingué et fort savant, le Babu Ram Nath, chose qui n'est pas rare dans l'Inde et facile à concevoir, car les Hindous abandonnent ainsi l'erreur pour les éléments de la vérité trouvés par Mahomet dans la révélation biblique. Et à ce propos je ne saurais trop blâmer certains écrivains qui confondent dans leur mépris religieux les Hindous et les musulmans, et qui même mettent ces derniers au-dessous des premiers sous le rapport des doctrines. Ils oublient que la religion musulmane n'est en réalité qu'une hérésie chrétienne, tandis que les Hindous sont idolâtres et professent un polythéisme analogue à celui de la Grèce et de Rome, que le christianisme a détruit. Leurs idoles sont pareilles à celles que renversa saint Paul, leurs superstitions sont identiques ou plus déplorables encore. Seulement les musulmans de l'Inde se ressentent un peu de l'entourage hindou, et la simplicité première de leur croyance et de leur culte en a souffert quelque atteinte.

Un journal indigène (1) parle d'un singulier arrangement fait entre des missionnaires chrétiens et des maulawis, qui ont décidé de conférer ensemble avec calme sur leur religion respective, à la condition que si les arguments des missionnaires sont victorieusement réfutés ils se feront musulmans, et que dans le cas contraire les maulawis se feront chrétiens. Je ne sais si la conférence a eu lieu; mais, dans tous les cas, je doute fort que les musulmans s'avouent jamais vaincus.

Ce qu'il y a de certain, c'est qu'il est permis aux musulmans et aux Hindous de prêcher comme le font les missionnaires; et les musulmans surtout, profitant de la liberté qui leur est accordée, annoncent à Dehli l'islamisme dans les rues et font des lectures publiques pour défendre contre les attaques des missionnaires leur religion et tâcher

---

(1) *Akhbâr-i 'âlam* du 21 mai 1868.

même d'en prouver l'excellence et la supériorité (1). Ils ne vont pas néanmoins, je pense, jusqu'à parler de la prophétie qui circule dans le Penjab parmi les schiites, et d'après laquelle l'année prochaine de l'hégire 1286 (1869-70) verra la réapparition du fameux imam Mahdi, disparu en 336 (879), et qui doit revenir sur la terre avant la fin du monde délivrer les musulmans du joug étranger.

Le *Bidyâ-bilâs* (2) nous apprend à ce sujet qu'à Dehli les missionnaires prêchaient souvent la religion chrétienne, et avaient de temps en temps des conférences avec les Hindous et les musulmans. Mais comme les réfutations étaient passionnées, qu'on se permettait de part et d'autre des critiques blessantes, et qu'on en était venu aux invectives et aux injures, les magistrats défendirent ces discussions, mais permirent aux uns et aux autres de faire connaître publiquement leur religion. Les savants hindous et musulmans peuvent donc prêcher comme les missionnaires; mais il est défendu d'insulter la religion d'autrui. Le rédacteur de l'*Awadh Akhbâr*, à qui j'emprunte ces détails, nous fait savoir d'ailleurs qu'à Lakhnau, depuis que le gouvernement anglais est établi en Aoude, les musulmans, soit sunnites, soit schiites, prêchent aussi dans le bazar pour répondre aux attaques des missionnaires, sans en être empêchés par l'autorité. « Il est à espérer, dit en terminant son article le journaliste indien, qu'à l'exemple de ce qui se passe à Lakhnau et à Dehli, des savants hindous et musulmans se livreront dans leurs villes respectives à cette bonne œuvre, mais sans employer jamais des paroles de mépris ni de dérision contre la religion chrétienne. »

J'ai parlé l'an passé de la conversion d'Imad uddin et de l'ouvrage qu'il a écrit en réfutation de l'islamisme. J'ai reçu

---

(1) *Homeward Mail* du 9 octobre 1868.
(2) *Awadh Akhbâr* du 1er septembre 1868.

depuis lors le texte même de la réfutation (1) et celui du récit circonstancié de sa conversion (2). Ce récit est précédé de sa biographie, qui est peut-être un peu prétentieuse, mais ces sortes de productions n'ont pas ce caractère en Orient seulement. Quant au récit en lui-même, il me paraît naïf et sans art, et surtout véridique pour ce qui concerne les motifs qui ont déterminé Imad à changer de religion. Dès l'âge de quinze ans, y est-il dit, l'étude de la religion attira son attention, et il se lia, pour s'instruire sur cet important sujet, avec des ulémas et des faquirs; il fréquenta les mosquées et les couvents musulmans, apprit le *fiqh* (la loi musulmane), l'interprétation du Coran et les *hadîs* (paroles de Mahomet). Mais dès lors, ayant eu l'occasion de fréquenter quelques chrétiens, il conçut des doutes sur la vérité de la religion musulmane, et il les avoua à ses maîtres, qui le gourmandèrent et tâchèrent de le satisfaire par leurs explications. Il cessa alors de s'occuper d'études religieuses, et se livra entièrement à des études scientifiques et littéraires; mais ses doutes revinrent, et pour les faire cesser il se fit sofi et s'adonna à la contemplation. Il parlait et mangeait peu, passait les nuits à lire le Coran, et ne fréquentait que des musulmans connus par leur piété. Non content de faire régulièrement les cinq prières journalières d'obligation, il faisait encore les trois prières de surérogation de la nuit, du lever du soleil et du déjeuner. Il allait en pèlerinage aux tombeaux des saints musulmans; il errait dans les *jangles,* se livrant à des pratiques plus ou moins singulières ou austères, qu'il serait trop long d'exposer. Il écrivait, entre autres, d'après l'indication d'un ouvrage mystique, le nom de Dieu (*Allah*) des milliers de fois sur du papier dont il séparait ensuite

---

(1) Intitulée *Tahquîc ul-imân* « la Certification de la foi. » Voir mon discours de 1867, p. 16 et 17.

(2) In-8° de 18 pages de 17 lignes, intitulé : *Waqui'ât-i Imâdiya* « Incidents relatifs à Imad (uddin). » En outre, Imad publie un journal mensuel dont il sera parlé plus loin.

chaque nom avec des ciseaux, l'enveloppait dans des boulettes de farine d'orge et le donnait à manger aux poissons de la rivière.

Toutes ces méditations, ces pénitences et ces pratiques de piété ne le satisfirent pas. Un verset du Coran était, dit-il, une épine dans son cœur. Ce verset, fort extraordinaire à la vérité, est ainsi conçu : « Il n'y aura aucun d'entre vous (hommes) qui n'ira en enfer; c'est un décret immuable et décidé (1). » Quelle différence entre ce verset désespérant et l'assurance du salut promis à la foi en Notre-Seigneur Jésus-Christ! Imad était cependant encore fidèle à l'islamisme, et il prêcha même dans la mosquée royale d'Agra contre le missionnaire Pfander, auteur d'ouvrages de controverse musulmane écrits en hindoustani et qui ont produit dans l'Inde une certaine sensation et ont amené des répliques. Il s'étourdit vainement : il avait beau consulter les docteurs musulmans les plus instruits, leurs réponses ne le satisfaisaient pas et ne calmaient pas ses inquiétudes. Il se retirait dans sa chambre et pleurait amèrement. Sur ces entrefaites, il apprit la conversion au christianisme d'un musulman très-savant, le Maulawi Safdar Ali (2). Il se mit alors à lire le Pentateuque, l'Évangile et des livres de controverse; il se fit expliquer par un Anglais religieux et bienveillant, Mr. Mackintosh, directeur de l'école normale de Lahore, tout ce qui l'embarrassait, et enfin, après bien des combats intérieurs et des persécutions extérieures, il se décida, et par l'entremise du Rév. T. R. Clarke, mari de la dame dont je viens de citer une lettre, il reçut le baptême à Lahore le 29 avril 1866, et

---

(1) Chap. XIX, verset 72.
(2) Ce musulman converti a publié un ouvrage écrit en urdu en réponse aux reproches qu'il avait reçus de ses amis. Cet ouvrage, intitulé *Niyáz náma* « Appel affectueux » (à la lettre : « Livre de supplication »), a été mis au jour par la mission américaine d'Allahabad, et le Rév. J. J. Walsh a bien voulu m'en envoyer un exemplaire.

trouva enfin, dit-il, la tranquillité d'esprit dont il était privé depuis si longtemps.

III. Les sociétés scientifiques et littéraires qui se sont formées dans l'Inde pendant les dernières années continuent à se maintenir avec avantage. La principale est celle d'Aligarh, fondée par l'éminent musulman le Saïyid Ahmad Khan, président du tribunal (*sadr ussudûr*) de Bénarès, connu surtout par son travail sur la Bible. Cette société, qui est distincte de la Société Islamique (*Anjuman islâmî*) dont je vais bientôt parler (1), ne s'occupe pas des questions religieuses, car elle admet dans son sein non-seulement des musulmans, mais des Hindous et des Anglais. Son but spécial est de faire connaître à l'Inde la science européenne en reproduisant en hindoustani les ouvrages qui en traitent, afin de la rendre accessible à tous les Indiens.

J'ai sous les yeux le n° 7 de ses publications, c'est à savoir la traduction, sous le titre de *Riçála 'ilm-i falâhat* « Traité de la science d'agriculture », des « Outlines of modern farning » de R. S. Burn, illustrées et avec des additions faites à l'original (2).

Les dépenses de la société sont défrayées par les dons volontaires des membres qui la composent. Elle a ouvert en outre une souscription spéciale dont le produit doit servir à envoyer des Indiens étudier en Europe et en connaître tout ce qu'il y a de bon à apprendre dans l'intérêt du progrès (3); et on dit que le Saïyid Ahmad doit bientôt partir lui-même pour l'Angleterre. Cet illustre savant, qui après avoir fondé

---

(1) J'ai confondu mal à propos dans mon discours du 3 décembre 1866, p. 39, et dans celui de 1867, p. 9, cette société avec celle d'Aligarh.
(2) Un volume grand in-8° de 254 p., imprimé (et non lithographié) à la typographie particulière du Saïyid Ahmad Khan, qui en fournit gratuitement les presses à la société, laquelle publie depuis quelque temps un journal dont il sera parlé plus loin.
(3) *Akhbâr-i 'âlam* du 6 avril 1868.

cette société, en a été nommé secrétaire honoraire, s'occupe d'un « Catalogue de tous les livres urdus publiés jusqu'ici », ce qui formera une sorte d'histoire de la littérature indienne-urdue, et d'un « Dictionnaire urdu », contenant toutes les particularités idiomatiques de la branche musulmane de l'hindoustani (1). Ces ouvrages feront partie de ceux que doit publier la société, parmi lesquels je distingue un choix de morceaux en vers urdus classiques des anciens auteurs, un traité de poésie et de versification urdue et persane, une rhétorique purement urdue; sans parler des nombreuses traductions en urdu de beaucoup d'ouvrages historiques arabes et persans et d'autres livres célèbres dans ces langues classiques de l'Inde (2). La société a déjà traduit en hindoustani plusieurs ouvrages anglais, et elle a même entrepris la tâche difficile de reproduire des livres sur les sciences exactes et des traités de logique, ces derniers probablement comme objets de curiosité, vu l'énorme différence qui existe entre la manière de voir européenne et asiatique. Mais dans ce moment de transition, ces ouvrages peuvent être utiles aux auteurs des productions de la nouvelle école qui prend naissance dans l'Inde.

Je n'ai pas reçu depuis longtemps le journal (*Riçâla*) de l'*Anjuman* de Lahore pour la propagation des connaissances utiles (3), dont j'ai néanmoins l'honneur d'être membre, mais

---

(1) Rapport du Raja Jaï Krischendâs, secrétaire de la société, lu à la séance générale du 9 mai dernier. (N° du 22 mai du journal de la société.)

(2) Notamment ceux-ci : *Tarîkh-i Yamanî, Tarîkh-i Abû Fazl, Tarîkh ulmaâçir, Tabacât-i nâcirî, Tarîkh-i Firoz Schâhî, Tarîkh-i Timûr, Intikhâb-i Tarîkh-i Ibn Khallicân.*

(3) J'apprends par l'*Akhbâr-i 'âlam* du 10 septembre 1868 que le Nabab Sikandar Ali Khan, Raïs de Mullaïr et de Kotila, en outre des mille roupies (2,500 fr.) qu'il avait déjà données à cette société, vient de lui faire un nouveau don d'un lakh de roupies (250,000 fr.). Le journal hindoustani nous fait savoir de plus que ce nabab est sur le point de partir pour l'Angleterre, et qu'il y conduit son fils, âgé de douze ans, pour y faire son éducation.

je sais qu'il en a paru trente-deux numéros, et l'*Akhbâr-i 'âlam* en reproduit un article (1) sur ce qu'on appelle « la chaîne des êtres », et sur les qualités et les propriétés des différentes espèces d'animaux, « depuis le moucheron jusqu'à l'éléphant, le chameau et le crocodile » (2). « Quelques animaux, y est-il dit au début, sont plus grands que l'homme et vivent plus longtemps, mais ils sont privés de l'intelligence, qui élève l'homme jusqu'à Dieu. » L'auteur s'étend particulièrement sur la grande différence qui existe entre l'homme et l'animal. Incidemment, il remarque que les plus petits animaux paraissent avoir un instinct plus développé que les plus grands; mais je ne le suivrai pas davantage dans ses élucubrations.

L'auteur d'un autre mémoire, publié dans le recueil de la même société (3), pense que les progrès de la civilisation dans l'Inde sont plus imaginaires que réels. « Il est bien difficile en effet, dit-il, d'arracher de l'esprit des natifs leurs préjugés, et de leurs mœurs les usages contre nature qui sont répandus dans toute la population de l'Inde. Il faudrait que Dieu dans sa puissance opérât instantanément ce changement. On établit, il est vrai, çà et là, des collèges et des écoles, mais aussitôt que les Indiens y ont reçu quelque instruction, qu'ils savent lire et écrire, ils recherchent un emploi tout modique qu'il soit, et quand ils l'ont obtenu ils n'étudient plus, car naturellement ils n'ont aucun désir d'acquérir des connaissances. S'ils lisent quelque chose, ce sont des romans ou des contes, tels que le *Badr munîr* (4), le *Bâkawali* (5), « les Quatre derviches (*Bâg o bahâr*) », etc.

---

(1) *Mirat*, 14 novembre 1867.
(2) C'est une sorte de tableau descriptif analogue à celui de l'*Ikhwân ussafâ*, que j'ai traduit sous le titre de « les Animaux ».
(3) Le n° 25.
(4) Ou l'histoire de Bénazir et de Badr Munir, dont il y a plusieurs rédactions, la principale en vers, sous le titre de *Sihr ul-bayân*, par Haçan.
(5) J'ai publié ce roman sous le titre de « la Doctrine de l'amour ».

Mais dans l'état actuel des choses, nous ne pouvons pas espérer que les Indiens lisent d'eux-mêmes des livres d'histoire, de morale, de philosophie, et voilà cependant les livres qu'il faudrait leur faire lire et leur expliquer. Il est fâcheux que le gouvernement n'ait pas continué à publier les traductions d'ouvrages anglais qu'on avait entreprises à Dehli en 1840 (1). »

Comme les années précédentes, la Société Islamique (*Anjuman islâmî*) a tenu à Calcutta, où elle a son siège, le 8 zicada 1284 (4 mars 1868), au *Town Hall,* sa séance générale pour la lecture de différents mémoires et l'exhibition d'objets curieux et d'intéressantes expériences. A cette séance ont été convoqués : le vice-roi, le lieutenant-gouverneur et toutes les notabilités indiennes et anglaises. L'éditeur de l'*Akhbâr-i 'âlam* exprime dans son journal (2) le regret qu'il a éprouvé de ne pouvoir assister à cette réunion annuelle d'une société qui a toutes ses sympathies et dont il fait le plus grand éloge, formant des vœux pour qu'il s'établisse dans les principales villes de l'Inde de pareilles compagnies, dans l'intérêt de l'avancement des sciences, des arts et de la littérature, qui rendrait l'Inde prospère et florissante.

Le « Social Science Association » du Bengale a tenu à Calcutta, le 31 mars dernier, une séance solennelle, à laquelle ont assisté beaucoup de raïs ( chefs indiens ), d'omras et d'Anglais, civiliens et militaires (3). Elle a publié en juin dernier le second numéro de ses Mémoires. On y trouve l'allocution inaugurale par laquelle le Président ouvrit la

---

(1) En effet, en 1840, feu mon ami F. Boutros, principal du collége de Dehli, et son savant successeur le Dr. A. Sprenger, avaient, sous les auspices du gouvernement, fait traduire et publié de l'anglais en hindoustani nombre de bons livres qui sont encore très-recherchés dans l'Inde. Malheureusement il n'a pas été donné suite à ces publications si utiles, et qu'il serait bien à désirer qu'on reprît.
(2) N° du 12 mars 1868.
(3) *Akhbâr-i 'âlam* du 16 avril 1868.

séance dont il vient d'être parlé, des articles sur le commerce et les industries du pays, sur son hygiène, sur les fêtes indiennes, etc. On y remarque ceux sur l'éducation des musulmans et sur celle des femmes, d'autant plus intéressants qu'ils sont écrits par des indigènes; et enfin une collection curieuse des proverbes usités au Bengale et recueillis par le Rév. J. Long (1).

Cette même Association a mis au jour la liste d'un certain nombre de questions, auxquelles elle invite les personnes compétentes à répondre, sur l'état de l'instruction et sur le mode d'enseignement des établissements pour les garçons et pour les filles et des écoles mixtes (2).

Il se forma à Bénarès, en 1861, sous les auspices des maharajas de Bénarès et de Vizianagram, une sorte de cercle littéraire (Debating Club), qui, sous le nom actuel d'*Institut de Bénarès* (Benares Institute), est devenu une vraie académie, d'où sont exclues les questions religieuses et politiques. Cette société, composée d'Hindous et de musulmans distingués de naissance, tous savants en littérature hindoue ou musulmane, auxquels se sont adjoints quelques Européens amis des Indiens, se réunit hebdomadairement et entend des lectures sur des sujets variés, lectures à la suite desquelles il s'établit des discussions érudites entre les membres de la compagnie, qui ont ainsi l'occasion de développer leurs idées particulières, ainsi que dans nos sociétés savantes d'Europe.

La société est divisée en cinq classes comme l'Institut de France; c'est à savoir : Éducation, Progrès social, Philosophie et Littérature, Sciences et Arts, Jurisprudence. Le Président de chaque classe est un Européen, mais tous les secrétaires sont des indigènes. Je ne connais malheureusement pas la série des publications de cette société; mais il m'est

---

(1) *Homeward Mail* du 6 mai 1868.
(2) *Indian Mail*, 27 février 1868.

cependant tombé sous la main le volume de ses Mémoires (Transactions) lus dans les séances de 1864-65. Il se compose de trente-sept articles, tous écrits, à l'exception d'un seul, par des indigènes et presque tous en hindoustani urdu ou hindi, et ils ont, en général, rapport à l'amélioration intellectuelle et morale des Indiens.

C'est ainsi qu'ils traitent des bons effets de l'éducation des femmes, des inconvénients de leur réclusion, des avantages scientifiques qu'offre la fréquentation des Européens, de la situation des sciences physiques dans l'Inde, de la rhétorique sanscrite, de la philosophie arabe, de la musique hindoue, etc.; et enfin, pour ce qui concerne spécialement l'hindoustani, on y trouve un article sur l'importance de l'étude de l'hindi, un autre sur les ouvrages élémentaires publiés dans les derniers temps pour l'étude de l'urdu, et sur la préférence à donner aux caractères persans pour l'écrire et non aux caractères romains. La Société s'est même occupée, dans une des séances du mois de juin de cette année, de la question des exercices corporels, tels que les pratiquaient les anciens Grecs (1).

On annonce la formation à Lakhnau, sous le nom d'*Anjuman tahzîb* « Association de réforme », d'un autre cercle littéraire indigène analogue à celui de Bénarès, pour la discussion de la politique générale, des lois, des usages, des arts, des sciences et de la littérature hindoustanie actuelle. Des pandits et des munschis sont à la tête de cette association, et elle a pour secrétaire Siva Narayan, qui a déjà demandé l'échange des publications de la société avec les journaux urdus et hindis.

Plusieurs sociétés du même genre ont été fondées dans différentes villes du nord de l'Inde, et elles sont le résultat naturel de l'éducation qui est actuellement donnée, soit dans les écoles officielles du gouvernement, soit dans celles des

---

(1) *Awadh Akhbâr* du 23 juin 1868.

missions. Elles annoncent dans une certaine classe d'indigènes un esprit de recherche et une soif d'instruction qui sont de bon augure pour l'avenir de l'Inde (1). Celle de Dehli continue la publication de ses actes, qui sont rédigés en urdu par son secrétaire Piyari Lal, et qui paraissent sous le titre de : *Riçâla Dehli Suçaïti* « Traités de la Société de Dehli ».

Il s'est établi à Mirat une société astronomique déjà composée de près de cinquante membres. J'en ai reçu le prospectus, rédigé en bon hindoustani, qui annonce la publication mensuelle des actes de la société, et plus tard la création d'un journal spécial.

Mais c'est surtout Lahore qui devient véritablement un grand centre littéraire indien. Cette ville possédait déjà l'*Anjuman* et bien d'autres corporations plus ou moins scientifiques, en attendant l'établissement définitif de l'université orientale; et maintenant Mr. Lepel Griffin veut y fonder une *Himalayan Society,* qui aura pour but de réunir toutes sortes d'informations sur l'Himalaya, relativement à l'ethnologie, à la philologie, à l'archéologie et à la religion.

Il s'est aussi formé à Lahore une Société zoologique qui doit réunir, pour en étudier et en comparer les mœurs, des échantillons d'animaux de tous pays (2).

IV. J'ai parlé l'an passé d'une demande qui avait été adressée par des Indiens instruits des provinces nord-ouest à l'université de Calcutta, que Sir A. Grant (3) appelle le Cambridge de l'Inde, tandis qu'il nomme l'Oxford de l'Inde celle de Bombay. Ces Indiens voulaient donc qu'on conférât les degrés universitaires pour les études orientales aussi

---

(1) Je m'associe à ce sujet à ce qui est dit dans le *Trubner's Literary Record*, février 1868.
(2) *Akhbar-i 'âlam* du 30 avril 1868.
(3) Ancien directeur de l'instruction publique à Bombay et aujourd'hui principal de l'université d'Edinburgh.

bien que pour les études européennes. Le syndicat de l'université ayant rejeté leur demande, ils ont maintenant décidé d'avoir leur université propre (1), dans laquelle l'enseignement sera tout à fait oriental et donné en hindoustani (2). On l'appellera *orientale*, parce qu'elle sera destinée à l'enseignement des langues classiques de l'Inde, sans préjudice néanmoins des autres connaissances, pour la distinguer des universités des trois Présidences, qu'on peut appeler *occidentales*, puisque l'enseignement y est donné en anglais (3) et que les études y sont européennes. Si, comme il faut l'espérer, cette université est décidément établie, elle marquera dans l'Inde l'ère de la renaissance, par la formation éclectique dans la langue de ces provinces, le pur hindoustani urdu, d'une littérature qui, conservant les expressions et les métaphores d'un goût acceptable de l'Orient, y ajoutera celles de notre Europe qui pourront s'y adapter, et en vivifiera surtout le fond par des idées et des doctrines nouvelles.

Rendons hommage à Sir D. Mac Leod, lieutenant gouverneur du Penjab, qui, dans un discours public à Lahore, a dit que les Indiens avaient droit à ce que les langues de leurs pères et d'eux-mêmes reçussent dans le système d'éducation officiel la considération qui leur est due. Une parfaite connaissance du langage usuel est, a-t-il ajouté, indispensable aux fonctionnaires du gouvernement, surtout à ceux qui sont chargés de l'enseignement des indigènes, dont un cer-

---

(1) *Proceedings of the Asiatic Society of Bengal*, 1866, p. 120.

(2) *Homeward Mail* du 14 mars 1868; *Indian Mail* des 19 et 26 mars 1868.

(3) Il y a à la vérité une réaction contre cette anglomanie, mais il est déplorable de voir des Indiens de mérite être plus Anglais que les Anglais, et vouloir dans ces universités l'usage exclusif de la langue de leurs vainqueurs. On cite un musulman distingué, zélé partisan de l'éducation européenne, le Maulawi Wahid uddin, qui a établi à ses frais, dans un village du district de Patna, une école où l'on enseigne l'anglais aux jeunes enfants.

tain nombre peut bien recevoir une éducation anglaise, mais non la masse du peuple, qu'on ne saurait instruire que par l'entremise de personnes s'exprimant facilement dans ces langues, et, de plus, joignant aux connaissances occidentales celles de l'Orient, familiers avec les classiques orientaux, habitués à la manière de penser orientale ; en sorte qu'on puisse espérer de voir se former un jour une nouvelle littérature hindoustanie, produit du contact des Européens et des Asiatiques.

Un de mes anciens auditeurs, Mr. Seton Karr, vice-chancelier de l'université de Calcutta, a précisément proposé, dans l'allocution qu'il a faite à l'occasion de la collation annuelle des degrés universitaires, par une sorte de compromis, pour parer au refus du syndicat de l'université, d'établir une quatrième université proprement orientale dans une des grandes villes du nord de l'Inde, adoptant ainsi en principe le projet relatif à l'université de Lahore. « Pourquoi, en effet, dit le *Friend of India* (1), n'y aurait-il pas des docteurs en sanscrit, des licenciés en arabe (2) et des bacheliers en hindi ? Ces langues valent bien l'anglais, et elles sont en réalité bien plus utiles aux Indiens. Croit-on que l'anglais pourra jamais supplanter la langue du pays ? Le persan a disparu (3), ajoute le *Friend of India,* avec la domination mogole ; il en serait de même de l'anglais dans un cas semblable. »

Le succès de cette quatrième université tout orientale à établir dans la capitale du Penjab, vaste province dont la population s'élève à *dix-sept* millions d'âmes, paraît désormais

---

(1) *Indian Mail* du 9 avril 1868.

(2) Je dirai à propos de l'arabe que M. Howell, inspecteur des écoles du cercle de Mirat, a entrepris, à la demande du gouvernement, un « Dictionnaire arabe-urdu » pour l'usage spécial des candidats aux universités, et qui sera aussi très-utile à tous les Indiens et surtout aux musulmans.

(3) L'assertion n'est pas tout à fait exacte : le persan n'a réellement disparu qu'en tant que langage parlé ; car on l'écrit encore dans l'Inde comme on l'a fait pendant longtemps pour le latin en Europe.

assuré (1). Voilà que le Maharaja de Kachemyre, de ce pays dont Thomas Moore a dit : « Qui n'a pas entendu parler de la vallée de Kachemyre, avec ses roses, les plus brillantes que la terre ait jamais produites, avec ses temples, ses grottes et ses sources d'eau aussi pures que les yeux animés par l'amour qui les contemplent (2) ? » le Raja du Kachemyre, dis-je, a donné un lakh de roupies (250,000 fr.) pour l'établissement de cette université, et son exemple sera sans doute suivi par tous les autres princes du Penjab. En effet, le raja de Pattiala a mis à la disposition du gouvernement pour la même fondation la somme de cinquante mille roupies (125,000 fr.); les Rajas de Jhind et de Nabha ont donné chacun onze mille roupies (28,000 fr.); le Sirdar de Kalsia, trois mille (7,500 fr.); le Raja de Balaspur et le Raïs de Nahan, chacun cinq cents roupies (1250 fr.). Le Maharaja de Kappurthala, qui s'était déjà engagé à souscrire annuellement à une somme de deux mille roupies (4,500 fr.), en a de plus donné dix mille pour coopérer à cette fondation ; plusieurs autres princes indigènes ont doublé leur première souscription, et d'autres ont promis de fortes sommes (3) pour favoriser l'établissement de ce qu'ils espèrent être un foyer de lumière pour l'Inde. Enfin les habitants de Lahore ne se bornent pas à des vœux stériles, mais ils soutiennent aussi de leurs propres deniers cette entreprise si digne d'intérêt (4).

---

(1) Ainsi seront réalisés les vœux les plus chers du Dr. Leitner, qui publie en ce moment son grand ouvrage sur le Dardistan, le Kachemyre, le petit Tibet, etc., et sur le groupe des langues peu connues de ces pays, desquelles il semblerait selon lui que le sanscrit se serait formé.

(2)   Who has not heard of the vale of Cashmere,
      With its roses the brightest that earth ever gave,
      Its temples and grottos and fountains as clear
      As the love-lighted eyes that hang over their wave?
                                              LALLA ROOKH.

(3) *Awadh Akhbár* du 4 août, *Akhbár-i 'âlam* (*Mirat Gazette*) du 15 août 1868.

(4) Pendant le seul mois de juin dernier, ils ont souscrit pour neuf cent onze roupies (2,277 fr. 50 c.); *Homeward Mail* du 14 septembre 1868.

Au demeurant, cette université orientale paraît être considérée comme constituée, car l'*Awadh Akhbár* nous apprend qu'un comité de cette université, composé d'Indiens et d'Européens, et entre autres du Dr. Leitner, le promoteur du mouvement en sa faveur, s'est réuni à Lahore le 9 septembre dernier, pour délibérer sur l'encouragement à donner au collége du gouvernement de Lahore, en lui faisant adopter une organisation conforme aux vues de l'université. Il a été décidé qu'à cette condition on allouerait annuellement au collége, *pour favoriser l'étude de l'urdu et du persan,* et pour créer des bourses en faveur des étudiants en ces langues, la somme de seize cents roupies (4,000 fr.), pourvu néanmoins que le gouvernement doublât cette somme.

C'est aussi à Lahore que sera établi le principal musée d'antiquités indiennes qu'il s'agit de former dans les chefs-lieux des provinces (1). Déjà le gouverneur général a nommé une commission pour lui faire un rapport sur les monuments historiques qui existent dans les différentes provinces, et dont quelques-uns ont une antiquité de plus de trois mille ans, afin de pourvoir à leur conservation. Des moules, des empreintes, des photographies devront être pris avec soin, conservés et reproduits ensuite par l'impression.

Le capitaine Holroyd, qui a été récemment appelé au poste de directeur de l'instruction publique en Penjab, avait été pendant dix années inspecteur de l'instruction publique; il avait suppléé le major Fuller pendant son absence, et personne mieux que lui n'était digne de lui succéder. A l'exemple de son prédécesseur, il a tenu le 25 mars dernier un *darbár* (assemblée) pour la distribution des prix aux élèves des écoles indigènes de Dehli. Dans son discours, qu'il a prononcé couramment en hindoustani, il n'a pas manqué de mentionner la perte si déplorable du major Fuller et celle non

---

(1) *Akhbár-i 'álam* du 21 novembre 1867.

moins regrettable de Mr. Hutton, directeur du collége de Dehli (1).

Les habitants des provinces nord-ouest veulent, eux aussi, avoir, comme ceux du Penjab, une université orientale à Dehli (2), dont le palais impérial, aujourd'hui désert, voit peut-être, comme l'a dit Saadi d'un autre palais (3) :

« L'araignée tapisser les murs de sa toile, et le hibou faire entendre son chant lugubre dans l'antique tour. »

A cette université l'enseignement serait donné en hindoustani ; cette langue y serait étudiée avec soin dans ses deux branches et rendue propre à remplacer avantageusement les langues anciennes; elle s'enrichirait ainsi de nouveaux ouvrages et de nouvelles traductions qui contribueraient à former cette nouvelle littérature indo-européenne dont j'ai parlé. Je suis sûr que Sir W. Muir, le nouveau lieutenant gouverneur de ces provinces, éminent orientaliste, dont les excellents ouvrages sont si estimés en Europe comme dans l'Inde, secondera cette impulsion et établira cette université qu'on pourra bien appeler indienne.

Les trois universités présidentielles de Calcutta, de Madras et de Bombay, continuent à s'occuper paisiblement de leur tâche. Aux examens qui ont eu lieu à celle de Bombay dans la dernière quinzaine de novembre 1867, cinq cents candidats se sont présentés pour l'admission (4), nombre considérable, eu égard à la population. A Calcutta, il y en a eu quinze cent neuf (5), ce qui porte à douze mille cent soixante et un ceux des onze années de l'existence de cette université. Sur ceux de cette année, tant du Bengale que de l'Inde du nord (6) et de Ceylan, il y avait douze cent

---

(1) *Homeward Mail* du 4 mai 1868.
(2) *Indian Mail* du 26 mars 1868.
(3) Celui d'Afraciab.
(4) Il n'y en avait eu que quatre cent quarante l'année précédente.
(5) Il n'y en avait eu que treize cent cinquante l'année précédente.
(6) L'*Akhbâr-i 'âlam* du 16 janvier 1868 distingue parmi les candi-

vingt-huit Hindous, cent trois chrétiens, cinquante-huit musulmans seulement et cent vingt dissidents (1). Ces candidats parlaient tous hindoustani; mais les uns ont voulu être examinés en urdu ou en hindi (2), les autres en bengali, quelques-uns en persan, en arabe et en sanscrit, en anglais et même en latin. Le nombre de ceux qui se sont présentés pour le degré de bachelier ès lettres (*master arts*) a été de deux cent onze, tandis que l'année précédente il n'avait été que de cent quarante et un (3).

Pour les examens universitaires qui ont eu lieu à Bénarès le 9 décembre 1867, les candidats ont dû développer en anglais des thèses un peu difficiles à traiter, ce semble, par de jeunes Indiens, surtout dans une langue qui leur est étrangère, c'est à savoir : « Que Dieu a créé la campagne et les hommes la ville. » — « S'il est vrai que le vice soit moins criminel en perdant de sa grossièreté (4). »

Sir Stafford Northcote a mis de sa propre cassette à la disposition de l'université de Calcutta la somme de deux mille roupies (4,500 fr.) pour fonder quatre prix en faveur des élèves qui subiront avec le plus de succès leur examen d'entrée en 1869, d'entre les candidats du Bengale, des provinces nord-ouest et du Penjab, d'Aoude et des provinces centrales.

Enfin l'excellent vice-roi Sir John Lawrence, dont la retraite vivement regrettée n'empêchera pas d'accueillir favorablement le nouveau vice-roi Lord Mayo, qui à son

---

dats qui ont eu le plus de succès à l'*University College,* Lal Bhori Singh, élève de l'École des missions de Mirat et traducteur de l'anglais en hindoustani pour ce journal, Hindou très-intelligent et d'une grande aptitude littéraire.

(1) *Friend of India* (*The Homeward Mail* du 13 janvier 1868).
(2) Cette année, les examinateurs de l'université de Calcutta sont pour l'urdu le Dr. H. Blochmann, et pour l'hindi le Babu Krischna Komal Bhattacharjia.
(3) *Indian Mail* du 20 janvier 1868.
(4) *Ibid.*

exemple saura sans doute se faire aimer des natifs et des Européens; Sir John, dis-je, a obtenu la sanction du conseil exécutif au projet d'envoyer annuellement en Angleterre, aux frais de l'État, neuf étudiants indigènes, pour les préparer à entrer dans une université en vue du service civil ou pour toute autre destination. On élira deux candidats dans chaque présidence, un dans les provinces du nord-ouest ou du Penjab alternativement, un d'Aoude et un des provinces centrales. Six de ces neuf élèves devront être choisis par les gouvernements locaux, et les autres trois, sans doute des présidences, seront soumis au concours (1).

Quant à l'instruction publique donnée dans les écoles, l'*Akhbâr-i 'âlam* du 6 février dernier (2) en publie le tableau sommaire de 1865 pour toute l'Inde, et en voici les chiffres les plus essentiels :

En Bengale, 2,704 écoles et 117,644 élèves (3).

Dans les provinces nord-ouest, 9,184 écoles et 199,269 élèves.

En Penjab, 2,965 écoles et 101,993 élèves.

Dans la présidence de Madras, 1,245 écoles et 38,255 élèves (4).

---

(1) *Homeward Mail* du 10 août 1868.

(2) On lit dans le même numéro que le Maharaja de Jaïpur a fondé une école des arts et métiers pour laquelle on fera venir d'Europe les instruments scientifiques et les livres nécessaires pour l'enseignement. De son côté, l'*Indian public Opinion* annonce l'établissement de quatre autres écoles du même genre, dont une à Lahore.

(3) Un journal anglais (l'*Express*) donne des chiffres différents, mais probablement pour 1866. C'est à savoir deux mille neuf cent huit écoles et cent vingt et un mille quatre cent quatre-vingts élèves.

(4) D'après le rapport officiel pour 1867, les progrès de l'instruction publique dans la présidence de Madras sont encore plus satisfaisants. Le nombre des écoles était à la fin de mars de treize cent quatre-vingt-six, et celui des élèves de cinquante et un mille cent quatre-vingt-huit, nombre sur lequel on comptait trente-huit mille six cent quatre-vingt-huit Hindous et dix-huit cent vingt-deux musulmans : les autres élèves étaient quelques chrétiens indigènes, des Européens et des Eurasiens.

Dans celle de Bombay, 1,419 écoles et 99,856 élèves.

En Aoude, 168 écoles et 10,075 élèves.

Dans les provinces centrales, 1,436 écoles et 46,585 élèves.

En Maïçour, 80 écoles et 5,583 élèves (1).

Total, 19,201 écoles et 619,360 élèves.

Les chiffres pour les écoles de filles, dont je vais parler plus spécialement, sont pour les mêmes provinces : 220, 574, 1,029, 139, 65, 18, 92 et 7, faisant en tout 2,144 écoles fréquentées par 5,712, 10,763, 19,561, 3,315, 2,436, 406, 2,361 (2), en tout 44,554 élèves (3).

Sir William Muir a profité de l'occasion d'un séjour qu'il a fait dans les montagnes en juillet dernier pour examiner les écoles des missions de Londres à Kamaun et leur distribuer des prix. Ces établissements comprennent une école hindoustanie et une école anglaise pour les garçons, une pour les filles et une école du dimanche pour l'enseignement du catéchisme. L'école hindoustanie a journellement en

---

(1) Dans le Maïçour (prononciation française de Mysore), les musulmans sont très-empressés à s'instruire. D'après le dernier rapport officiel, on y trouve actuellement quarante-quatre écoles du gouvernement et vingt-six, dont huit pour les jeunes filles, qui ne reçoivent qu'une subvention du gouvernement. Le nombre des élèves se monte à six mille garçons et six cents jeunes filles. (*Indian Mail* du 18 janvier 1868.)

(2) Le chiffre seul du Maïçour est inconnu.

(3) Voici le tableau des écoles de femmes et de leurs élèves en 1867, d'après l'*Akhbâr* du 23 juillet 1868 :

|  | Écoles du gouvernement. | Par souscription. | Total des élèves. |
|---|---|---|---|
| Bengale | 4 | 275 | 5,510 |
| Bombay | 16 | 29 | 4,030 |
| Madras | 0 | 75 | 3,109 |
| Provinces du nord-ouest | 481 | 114 | 12,001 |
| Penjab | 296 | 254 | 30,534 |
| Aoude | 6 | 12 | 403 |
| Provinces centrales | 131 | 1 | 3,662 |

La statistique des écoles du Penjab diffère en moins de celle que j'ai donnée dans mon discours de l'an passé, p. 23.

moyenne cent vingt-cinq élèves, et l'école anglaise cent. Sir William a adressé en hindoustani (1) aux élèves indiens une série de bons conseils et de solides considérations sur les avantages que procure une éducation libérale et sur l'importance pour eux de l'étude de l'anglais.

L'éducation des femmes était tout à fait négligée dans l'Inde, comme dans toute l'Asie, avant l'invasion européenne; et cette négligence est sans doute une des causes de l'infériorité actuelle des Orientaux à l'égard des Européens, car, ainsi que l'a dit le poëte lauréat Tennyson :

« La cause de la femme est celle de l'homme : ils s'élèvent ou s'abaissent ensemble; ils sont ensemble ou de chétives créatures ou des êtres dignes de leur céleste origine : libres ou esclaves (2). »

C'est donc dans l'intérêt des Indiens eux-mêmes que le gouvernement anglais favorise et encourage par des allocations le développement de l'éducation féminine, qui n'a pas cessé de progresser depuis 1851, époque où on commença à s'en occuper. Depuis lors, il a été même fourni les fonds nécessaires à l'établissement d'écoles normales d'institutrices (3) dans les trois présidences de Calcutta, de Madras et de Bombay (4).

Les habitants indigènes de Bombay ont toujours tenu le premier rang sur les autres Indiens dans les efforts qu'ils ont faits pour l'avancement moral et intellectuel des femmes.

---

(1) L'*Awadh Akhbâr* du 25 août 1868 donne le texte de ce discours tout à fait paternel.

(2)    The woman's cause is man's, they rise or sink
       Together, dwarfed or god-like, bond or free.

(3) Il y a à Nagpore une école normale pour préparer des institutrices indigènes, et vingt-cinq Indiennes en suivent déjà les cours. Dans la même ville, une école de jeunes filles est dirigée par une musulmane qui a fait le pèlerinage de la Mecque, et qui porte en conséquence le titre de Hajji : elle est très-instruite, lit et écrit l'hindoustani et le mahratte.

(4) *Akhbâr-i 'âlam* du 23 juillet 1868.

Pendant les dix-sept dernières années, ils ont établi d'eux-mêmes soixante-seize écoles, où quatre mille jeunes filles reçoivent l'instruction; et il est à remarquer à ce propos que ce sont surtout des parsis qui fournissent à Bombay des fonds pour les établissements d'éducation et de bienfaisance.

Le rédacteur de l'*Akhbâr-i 'âlam* (1) dit néanmoins que l'éducation des femmes est encore plus en progrès au Bengale qu'ailleurs, et pour prouver son assertion il mentionne huit femmes auxquelles on doit des ouvrages connus et qui sont toutes Hindoues : une de Patna, une de Basantpur, et les autres de Calcutta.

Dans une séance de l'Association appelée *Bethune Society*, tenue à Calcutta à la fin de l'an passé, Mr. Justice Phear a prononcé un discours sur l'éducation des femmes et a fortement insisté pour qu'elle soit donnée par les femmes, ce qui n'a pas toujours lieu ; car souvent ces écoles, fréquentées par de jeunes filles de cinq à douze ans, sont dirigées par des brahmanes. Afin de parer à cet inconvénient, l'orateur a naturellement traité de l'importance des écoles normales destinées à former de bonnes institutrices, afin qu'on puisse remettre entre leurs mains l'éducation des jeunes personnes de leur sexe (2).

L'éducation des femmes a pris du développement dans les provinces nord-ouest, grâce au zèle éclairé du directeur de l'instruction publique, Mr. Kempson. A Bareilly seulement, il y a quinze écoles de jeunes filles, fréquentées par deux cent quatre-vingt-six élèves, et il a été décidé qu'on donnerait aux musulmanes l'instruction en urdu et aux Hindoues en hindi, ces deux dialectes de l'hindoustani, distincts surtout par la différence des caractères qu'on emploie pour les écrire, étant en effet, ainsi que je l'ai dit bien des

---

(1) No du 19 mars 1868.
(2) *Homeward Mail* du 13 janvier 1868.

fois, ceux des deux divisions religieuses de l'Inde. Là, les élèves n'ont pour maîtresses et même pour inspectrices que des femmes. Les jeunes Indiennes, on doit le dire, tant musulmanes qu'Hindoues, n'aiment pas les inspections officielles, surtout lorsqu'elles sont faites par des hommes et par des Européens. Elles sont tout interdites quand un inspecteur entre dans leurs écoles, et elles se mettent même quelquefois à fondre en larmes. C'est ce qui est arrivé à Bangalore en avril dernier, lorsque Mr. Rice, directeur de l'instruction publique en Maïçour, alla visiter l'école normale nouvellement établie dans cette ville (1). Quelques élèves finirent par se rassurer et satisfirent pleinement le directeur, qui, pour les encourager et les habituer à ces inspections, leur avait fait distribuer des friandises, ce que les jeunes filles aiment en tout pays.

Miss Carpenter donne des détails circonstanciés sur l'éducation des femmes dans ses *Six Months in India*, et ceux qui s'intéressent à l'Inde les liront avec plaisir (2). Cette ardente philanthrope veut, elle aussi, doter d'institutrices les écoles des jeunes Indiennes, et elle a proposé l'établissement de nouvelles écoles normales pour les femmes. Sa proposition, appuyée par de notables indigènes, a déterminé le gouvernement à allouer pour cet objet une somme de douze mille roupies (30,000 fr.) par an pendant cinq ans à la capitale de chaque présidence, c'est-à-dire à Calcutta, à Madras et à Bombay.

Afin de poursuivre son œuvre, Miss Carpenter est de nouveau partie pour l'Inde en septembre dernier (3); et de

---

(1) *Bangalore Herald* du 8 avril. (*The Times of India*.)

(2) Voir l'article que j'ai dernièrement publié sur cet ouvrage dans la « Revue orientale ».

(3) L'Inde a reçu du reste cette année la visite de plusieurs autres personnages de distinction, entre autres du Prince Frédéric de Schleswig-Holstein, qui déjà y avait fait un premier voyage et qui cette fois a poussé ses excursions jusqu'au Kachemyre, où il se trouvait en juillet dernier.

jeunes enthousiastes de Bombay, où elle débarque, devaient aller en députation la recevoir à son arrivée. C'est à Ahmadabad, l'ancienne capitale du Guzerate, qu'elle doit d'abord agir, cette ville lui ayant paru la mieux disposée d'entre les villes qu'elle a visitées, à accueillir ses idées. On ne peut qu'applaudir au zèle vraiment louable que met Miss Carpenter à relever la femme indienne sans vouloir s'immiscer en aucune façon dans ce qui concerne la religion. Elle laisse ce soin aux missionnaires, aux prédications desquels elle prépare ainsi les cœurs en les ouvrant à la civilisation européenne.

Mrs. R. Clarke m'annonce (1) qu'à Amritsir l'éducation des femmes avance doucement. Elle y établit la première école de jeunes Indiennes en 1865. Actuellement elle vient d'y fonder une école normale de musulmanes recrutées dans les écoles primaires. Elles étudient la géographie, l'histoire de l'Inde, l'arithmétique et la grammaire. Elles écrivent à la dictée, apprennent le chant et la broderie. Le nombre des élèves des écoles primaires d'Amritsir s'élève à vingt-cinq environ. « C'est peu de chose, sans doute, dit Mrs. Clarke, mais c'est un commencement. »

Il ne manque pas cependant de lettrés indiens qui trouvent des inconvénients à l'enseignement officiel, et l'*Awadh Akhbâr* du 18 août dernier contient contre cet enseignement un long article, où l'on fait ressortir l'énorme désaccord qu'il y a entre la manière indienne d'exprimer les idées et la manière européenne, et le soin qu'il faudrait

---

Son savoir en sanscrit et sa facilité à parler l'hindoustani ont surpris, dit-on, les pandits de Tanjore et de Lahore, et ils ont pu apprendre que l'étude de leur langue sacrée était mieux comprise peut-être par les Européens que par les brahmanes eux-mêmes, qui s'attachent trop aux puériles minuties de leurs grammairiens. Ce prince était à Lahore en même temps que s'y trouvait incognito le Prince d'Alençon, occupé à étudier l'histoire du Penjab tant dans les livres que surtout dans les conversations qu'il pouvait tenir en hindoustani, comme le Prince de Holstein, avec des indigènes instruits.

(1) Lettre du 13 février 1868.

avoir d'adopter un peu la manière indienne de s'énoncer si l'on veut que les indigènes apprécient l'enseignement qu'on leur donne. « La force intellectuelle dans les différents pays est en réalité la même, est-il dit dans cet article; mais les idées diffèrent selon les pays, et elles sont exprimées autrement. Ainsi les Orientaux les traduisent par des expressions allégoriques et des termes de comparaison, et ils n'aiment pas la manière simple de s'énoncer des Européens. Ils n'acceptent donc pas les idées européennes si elles leur sont présentées sans éclat et sans vigueur. Il faut ainsi dans l'enseignement à donner aux Indiens tenir compte de ces observations, et ne pas se borner, dans l'histoire de l'Hindoustan, par exemple, à indiquer seulement les époques des événements et les noms des acteurs, comme on le fait dans les livres élémentaires, mais présenter les faits d'une manière nourrie et attachante et dans un style fleuri. »

V. Quant à ce qui se rapporte directement à la langue hindoustanie, au moyen de laquelle s'infiltrent chez les Indiens les idées civilisatrices et chrétiennes, sa littérature contemporaine, je le dis avec plaisir, devient chaque jour plus variée et plus plantureuse. En confirmation de ce que j'ai dit bien des fois, voici ce que m'écrit Mr. M. S. Howell, inspecteur de l'instruction publique des provinces nord-ouest:

« Mon opinion au sujet de la supériorité de l'urdu sur l'hindi en tant que langue des transactions officielles, des affaires et des rapports ordinaires de la société, est entièrement d'accord avec les idées que vous avez exprimées dans votre discours (1). Pendant l'exercice de mes fonctions d'inspecteur dans le département de l'instruction publique, je n'ai perdu aucune occasion de défendre l'extension et le développement de l'urdu comme la langue la plus *nationale* de l'Inde (par quoi j'entends la langue de l'usage le plus

---

(1) C'est-à-dire celui de 1867, p. 33 et suiv.

général parmi toutes les classes), et je crois que Mr. Kempson, chef du département de l'instruction publique dans les provinces nord-ouest, partage jusqu'à un certain point mes idées là-dessus. Malheureusement, cependant, il s'est élevé dans certaines écoles primaires le système d'employer, selon les cas, un des deux dialectes comme moyen d'instruction, c'est-à-dire que si les enfants hindous y sont en majorité, on emploie l'hindi, et si ce sont les musulmans ou des Hindous parlant l'urdu, on emploie l'urdu (1). Je pense que la perpétuité de ces différences linguistiques est rétrograde et fâcheuse, et qu'il serait même beaucoup plus avantageux pour les enfants hindous de leur faire *urduiser* leur langue que de les entretenir dans l'usage d'un idiome qui, après tout, n'est *maintenant* qu'un patois (2) destiné à céder le terrain à l'urdu. »

Mr. Henry Carter, que j'ai eu l'honneur de compter parmi mes auditeurs, et qui a rempli pendant plusieurs années les fonctions de secrétaire de la branche de Bombay de la Société Royale Asiatique de la Grande-Bretagne et d'Irlande avant le Dr. G. Birdwood, de retour aujourd'hui, comme lui, en Europe, me dit aussi dans une lettre particulière au sujet de la discussion dont j'ai parlé dans mes allocutions précédentes sur l'importance relative de l'urdu et de l'hindi :

« L'urdu est le plus usité (des deux idiomes), il possède les plus riches ressources pour s'améliorer, et il finira par devenir incontestablement le plus important de toute l'Inde. »

Si l'hindoustani n'a pas un long passé derrière lui, il a,

---

(1) Pour se faire une idée de la différence de l'hindi et de l'urdu, on n'a qu'à lire les passages du *Bâg o bahâr* dans lesquels un musulman converse avec un Hindou. L'auteur a eu judicieusement soin de faire parler le musulman en urdu et l'Hindou en hindi. Le contraste entre les deux dialectes est manifeste, bien que la langue soit la même et que les deux manières de parler soient également intelligibles. On trouve surtout des exemples de ces conversations dans les *Aventures d'Azâd-bakht*.

(2) Malgré ma prédilection pour l'urdu, cette expression me paraît un peu trop forte.

dans tous les cas, l'avenir devant lui, et le percement de l'isthme de Suez l'amènera jusqu'à nos ports de la Méditerranée. En attendant, il est parlé dans ceux de l'Asie, et bien qu'il ne soit pas le langage du Birman, il y est néanmoins usité, comme je m'en suis assuré par la conversation que j'ai eue avec Mong Shaw Loo, de Maulmain, à son passage à Paris, après un long séjour à New-York, où il a obtenu le diplôme de docteur en médecine.

A Rome même, on a pu entendre cette année la lecture d'un poëme écrit en hindoustani par un élève du collége de la Propagande, natif d'Agra, qui, à l'occasion de la fête de l'Épiphanie, l'a débité devant l'Académie polyglotte, réunie, d'après l'usage, en cette circonstance pour entendre la lecture des compositions poétiques des élèves de tous les pays de ce collége, lesquelles ont pour thème uniforme la vocation des gentils, qu'ils célèbrent dans leur langage avec des intermèdes de musique (1).

Le savant érudit Mr. J. Beames a continué dans le journal de la Société Asiatique de Calcutta (2) à défendre l'introduction de l'élément persan et arabe dans l'hindoustani officiel. Il développe dans ce nouvel article une pensée fort juste exprimée dans le *Quarterly Review* (n° 234), c'est à savoir que : « si décidément l'hindoustani doit être adopté officiellement comme le langage général de l'Inde, la chose peut seulement avoir lieu par son alliance avec le persan, que tous les musulmans tant soit peu instruits connaissent, et qui est leur pourvoyeur pour toutes les idées abstraites, pour la politique, la science et la poésie, ce qui constitue l'urdu, qui n'est autre chose que l'hindi greffé sur le persan. » Mr. Beames, à qui j'emprunte cette expression, soutient donc, contre l'opinion opposée, que lorsqu'on a en urdu

---

(1) *Accademia poliglotta che gli alumni del collegio de Prop. Fide offrone a' Santi Re magi*, Roma, 1868, p. 10.
(2) N° 3 de la *Section philologique* de 1867.

à choisir entre deux mots, l'un hindi ou sanscrit et l'autre persan ou arabe, on doit choisir de préférence un des derniers. J'ajouterai que le choix est fait depuis longtemps, et que dans ce cas les Indiens ont préféré les mots persans ou arabes aux mots hindis ou sanscrits. On ne peut revenir là-dessus. Ce dialecte mêlé est employé aussi bien par les rayas que par les banyans. Il est surtout le langage des villes. On ne nie pas l'existence de l'hindi dans les villages et chez le peuple hindou, ni qu'il soit cultivé littérairement encore par les pandits, comme il l'a anciennement été par les bardes; les publications importantes en hindi du Babu Hari Chandra et d'autres zélés Hindous méritent l'approbation des savants de l'Inde et des indianistes européens, et je ne puis, en ce qui me concerne, qu'exprimer ici hautement mon estime pour leurs travaux, tout en donnant la préférence à ceux qui tendent à populariser de plus en plus l'étude de l'hindoustani-urdu.

C'est ici le cas de répéter ce que j'ai dit d'autres fois, c'est que si la connaissance du persan et une teinture de l'arabe sont nécessaires pour bien savoir l'hindoustani, il est très-utile aussi pour bien savoir le persan de savoir l'hindoustani (1). En effet, un grand nombre d'excellents auteurs persans ont écrit dans l'Inde sous l'influence de l'hindoustani, et ce sont des musulmans de l'Inde qui ont le mieux étudié le persan, actuellement leur langue classique, et auxquels on en doit les meilleurs dictionnaires, de l'aveu des Persans eux-mêmes. C'est ce qu'a prouvé le Dr. Brochmann dans ses *Contributions to Persian lexicography*. Le même savant nous y donne des détails intéressants sur les différences qui existent entre la prononciation, la forme, le sens

---

(1) Je suis heureux d'avoir là-dessus l'approbation du savant Dr. Blochmann, qui s'occupe avec une si grande érudition de lexicographie persane. Il dit à propos de l'*isti'mâl* dont je vais parler : « Hence the truth of Mous. Garcin de Tassy's remark that every persian scholar ought to be acquainted with hindustani. » *Contributions to Persian Lexicography*.

et la construction du persan de la Perse et du persan de l'Inde, et ce qui en a été introduit en hindoustani. C'est ce qu'on nomme l'*isti'mâl-i Hind* « l'emploi du persan dans l'Inde ».

« La connaissance de l'*isti'mâl-i Hind,* dit-il, est d'une grande importance non-seulement pour ceux qui lisent des ouvrages persans écrits ou imprimés dans l'Inde, mais même pour tous ceux qui s'occupent d'hindoustani... Ses singularités sont généralement adoptées et par suite correctes, au moins pour l'hindoustani, conformément au proverbe arabe : « Une faute générale est régulière et même éloquente (1)... L'*isti'mâl-i Hind* est visible dans tous les ouvrages persans écrits par des Indiens... Ceux même d'Abu Fazl en contiennent des traces... L'*isti'mâl-i Hind* comprend des particularités qui appartenaient autrefois au persan tel qu'il était parlé en Perse, mais que les Iraniens modernes, dans le cours du progrès de la langue, ont tout à fait abandonnées (2). »

Le 28 juillet dernier, au *Benares Association,* un professeur du *Queen's College* a donné une lecture sur les moyens les plus capables d'améliorer l'hindoustani des provinces du nord de l'Inde, « un des sujets, dit le correspondant de l'*Indian Mail* (3), les plus populaires et les plus intéressants. » L'orateur entend malheureusement par amélioration le remplacement de la double littérature musulmane et hindoue, représentée par l'urdu et l'hindi, qui lui paraît immorale, par des traductions de l'anglais qui exprimeraient de meilleurs sentiments. Il est bon sans doute de traduire

---

(1) *Galat 'âm, sahîh wa facîh.*
(2) Ces particularités sont principalement : des significations différentes pour un grand nombre de mots, l'emploi occasionnel du *waw* et du *yé majhûl,* c'est-à-dire prononcés *o* et *é,* tandis que les Iraniens les prononcent toujours *ma'rûf,* c'est-à-dire *u* et *i;* la prononciation nasale du *noun* après les voyelles longues, ce qui n'a pas toujours lieu chez les Iraniens; la fréquente suppression du teschdid et d'un second fatha quand il doit être régulièrement répété après un premier.
(3) *Indian Mail* du 2 septembre 1868.

en hindoustani les chefs-d'œuvre de la littérature européenne *traduisibles ;* mais vouloir changer entièrement l'esprit de la littérature orientale pour l'*européaniser,* c'est une idée qu'il ne me paraît pas possible d'admettre et que j'ai déjà eu l'occasion de combattre (1).

Dans une séance de la fin de l'an passé de la Société géographique de Bombay, Mr. Burgess a appelé avec juste raison l'attention de la compagnie sur l'importance qu'il y aurait d'adopter une orthographe uniforme en caractères latins pour les noms propres hindous et musulmans d'hommes et de lieux. Le Babu Siva Praçad, dont je ne puis partager l'opinion sur l'hindi et sur l'urdu (2), a publié une note dans le même sens (3). La chose serait en effet extrêmement désirable, les mêmes noms étant souvent écrits de plusieurs manières tellement différentes qu'on peut croire quelquefois qu'il s'agit de villes ou de personnages distincts (4).

On est toujours exact à faire subir les examens sur la langue hindoustanie, et les chapelains eux-mêmes y sont soumis. La gazette officielle contient dans chaque numéro la liste de ceux qui ont subi ces examens, pour lesquels Sir S. Northcote vient de recommander une plus grande sévérité (5); aussi les autorités anglaises parlent-elles facilement l'hin-

---

(1) Comme conséquence naturelle de son opinion, le professeur dont il s'agit est hostile au projet d'établir une université orientale, du moins maintenant.

(2) Dans la brochure écrite en hindoustani sous le titre de *Kuch bayân apnî zabân kâ* « Quelques explications sur notre langue », et en anglais de *Our Vernaculars.* Benarès, 1868; et dans celle qui est rédigée en anglais et qui porte le titre de « Court characters », *ibid.*

(3) « Transliteration of oriental words into roman characters », Benarès, 1868. Le capit. Holroyd a publié un tableau de transcription à l'usage des Indiens.

(4) On en trouve des exemples frappants dans le « Glossary of Indian Terms » de H. H. Wilson.

(5) *Homeward Mail* du 10 octobre 1868.

doustani et haranguent-elles dans les occasions solennelles, et, toutes les fois que la chose est utile, les Indiens dans leur propre langue. J'ai cité dans mon dernier discours l'allocution du vice-roi gouverneur à Agra, et cette fois j'ai à mentionner celle qu'il a prononcée en hindoustani du *plus pur urdu* (1) au grand *darbár* tenu à Lakhnau en novembre de l'an passé, et dont le style, bien loin d'avoir été attaqué à cause de sa simplicité par les journaux indiens, qui n'aiment pas moins la critique que les journalistes européens, a obtenu leurs éloges. C'est en réponse à l'adresse des *ta'llucdár* (possesseurs de fiefs) que sir John Lawrence prononça ce discours, complétement reproduit dans les journaux indiens, et qui a trait aux *sanad* (diplômes) donnés aux propriétaires reconnus par le gouvernement, et auxquels il recommande la bienveillance et les égards envers ceux qui ont été dépossédés par suite des nouvelles dispositions.

Dans l'Inde centrale, à Ajmir, à l'occasion de la pose de la première pierre d'un collége pour les indigènes (2), le colonel Keatinge, agent du gouverneur général, a aussi prononcé un discours en hindoustani qui a été très-apprécié par l'assemblée. Le même colonel en a prononcé un autre (3) à l'ouverture de l'école industrielle fondée à Jaïpur, où une société littéraire et scientifique a été aussi formée, et où on va établir une typographie qui sera fournie de caractères hindis et anglais, et dont les presses imprimeront un journal (4).

Sir W. Muir a publié des règles pour l'encouragement de la littérature urdue et hindie. Il sera donné cinq prix chaque année dans la moyenne de mille roupies (2,500 fr.) chacun, selon le mérite du travail, aux auteurs soit d'ouvrages originaux, soit traduits ou compilés, mais en bon style et irré-

---

(1) « In the purest oordoo », *Homeward Mail* du 23 décembre 1867.
(2) Le 17 février de cette année.
(3) Le 24 janvier dernier.
(4) *Indian Mail* du 26 mars 1868.

prochables moralement, sur une branche quelconque de la littérature ou de la science. De plus, le gouvernement souscrira à un nombre d'exemplaires suffisant pour assurer le placement d'une grande partie de l'édition, et l'auteur restera propriétaire de son travail (1).

Le raja de Rampur sentant l'importance de l'hindoustani, a établi plusieurs écoles où on l'enseigne spécialement. Tant lui-même que de notables habitants de sa principauté ont aussi fondé des écoles particulières pour l'enseignement des femmes, malgré la répugnance populaire pour ce dernier genre d'établissements (2).

J'approuve tout à fait le Syed Abdoollah qui, dans sa lettre à Sir Stafford Northcote (3), insiste avec raison pour que le gouvernement de l'Inde exige dans les concours pour le service civil la connaissance des langues vivantes de l'Inde, bien autrement utiles, dit-il, que le sanscrit et l'arabe, qui n'ont pour l'Inde qu'un intérêt littéraire et scientifique indifférent à la grande majorité des compétiteurs. Il voudrait qu'on s'assurât que le candidat sût parler passablement bien la langue du pays, lire facilement l'écriture cursive, traduire en anglais de cette langue *et vice versa,* choses fort importantes et que recommandaient autrefois les directeurs de la Compagnie des Indes aux élèves du collège d'Haileybury. Ses sentiments sont partagés par le digne élève du saïyid, Ed. H. Palmer (4), qui offre un exemple frappant de la perfection à laquelle peut parvenir en ce genre un Européen.

Il est bon de pousser le gouvernement dans cette voie; mais il sent de lui-même le besoin d'encourager les jeunes civiliens à s'occuper dans tous les cas de l'hindoustani, qui

---

(1) *Homeward Mail* du 5 octobre 1868.
(2) *Awadh Akhbár* du 26 juillet 1868.
(3) « Indian civil service examinations. » Letter to the Right Honourable Sir S. Northcote, Bart.
(4) « The study of the oriental languages ». (*Ind. Mail* du 23 janvier 1868.) Lettre reproduite à la suite de celle du Syed Abdoollah.

étant la langue usuelle d'une importante portion de la population indienne et plus ou moins la *lingua franca,* comme je l'ai dit plusieurs fois, d'un bout de l'Inde à l'autre, est fréquemment d'un grand usage pour le service public, lorsque, par exemple, un officier est envoyé dans un district dont il ne connaît pas la langue locale, et pour le service diplomatique, surtout si on joint à la connaissance de l'hindoustani celle du persan (1).

Il a été fait des publications spéciales pour la préparation aux examens que les militaires doivent subir. Dans ces examens, qui sont de deux degrés, le premier, *the higher standard,* et le second, *the lower standard,* on distingue de l'hindi l'urdu, auquel on donne à Madras le nom d'hindoustani (2), qu'on doit appliquer, selon moi, à l'ensemble des deux dialectes.

VI. Pour ne pas donner une ennuyeuse nomenclature des principaux ouvrages hindoustanis qui ont paru depuis ma dernière allocution, je me bornerai à en mentionner un petit nombre.

Le plus important de ces ouvrages, c'est « l'Histoire des Afgans », intitulée, par allusion au nom de l'auteur, Haïyât (Muhammad Haïyât Khân), *Haïyât-i Afgânî,* « la Vie des Afgans », beau volume grand in-4° de plus de 750 pages, avec cartes, publié à Lahore en 1867, et dont je dois un exemplaire à l'amitié de Mr. T. H. Thornton, secrétaire du gouvernement du Penjab. Cette histoire est divisée en trois parties. La première donne des détails géographiques sur l'Afganistan, pays des Afgans, nommés aussi Pathans et Puschtus, sur ses limites anciennes et modernes et sur sa

---

(1) *Homeward Mail* du 23 mai 1868.
(2) L'orthographe de ce mot aussi bien que celle d'*urdu* varie selon les Présidences. Ainsi on écrit dans l'une *hindustani* et *urdu,* et dans l'autre *hindoostanee* et *oordoo.* Voy. entre autres le n° du 12 mars 1868 de l'*Indian Mail,* p. 254.

population. Il fait connaître ses mines, ses canaux, ses productions végétales et sa zoologie; il en décrit les principales villes, depuis Attock jusqu'à la frontière occidentale de la Perse. Il parle de son commerce et de ses différentes classes de marchands, des produits du pays, de ses manufactures, de l'importation et de l'exportation qui y a lieu et des routes du négoce. A ce sujet, l'auteur indique ce qui lui paraît la meilleure manière d'améliorer le commerce du pays. Puis vient l'histoire générale de l'Afganistan, depuis une période de deux mille cinq cents ans, avec les noms du pays qui ont été changés pendant différents règnes; le récit de l'élévation et de la décadence des dynasties hindoues, grecques et musulmanes jusqu'à ce jour. L'auteur passe ainsi en revue les dynasties des khalifes des Arabes et de Bagdad, d'Ismaïl Samani, des Gaznévides, des Gori, du Mogol Nadir Schah de Perse et des amirs afgans. Il parle de la domination sikhe et de la conquête qu'ont faite les Anglais des parties orientales du pays; il décrit les tribus rebelles qui habitent la frontière ouest du Penjab et ce qui lui paraît le moyen le plus efficace de les contenir. La seconde partie décrit l'histoire des différentes tribus dont se compose la nation. Il traite de l'origine de leur langue, de leurs émigrations en Hindoustan, en Turkistan, en Mazenderan et en d'autres pays. Enfin, dans la troisième partie, l'auteur trace l'histoire détaillée du district de Bannu.

Une des publications hindies les plus considérables qui aient récemment paru, c'est celle du *Bal Râm Kathâmrit* « l'Ambroisie de l'histoire de Bal Râm (1) », de Guiridhardas, curieux poëme retravaillé par Gopal Chandra (père du Babu Hari Chandra), un des écrivains hindis modernes les plus féconds; car, décédé prématurément à l'âge de vingt-sept ans, il avait eu le temps (dès l'âge de douze ans, il est vrai, qu'il avait commencé à écrire), soit de composer, soit de

---

(1) Un vol. oblong de 237 feuillets de 11 lignes par page.

compiler ou d'éditer trente-deux ouvrages, dont vingt-quatre en hindi et huit en sanscrit. Il est entre autres auteur d'une traduction en kabits hindis de tout le Ramayana de Valmiki. Son fils Hari Chandra a l'intention de publier tous ces ouvrages, et il a commencé par le *Bâl Râm Kath-âmrita*.

Il a aussi paru cette année en hindi, à Dehli, un ouvrage sur le système musical indien (1); à Lahore, le *Sâr guît* « l'Essence du *Bhâgavat Guîta* (2) », et à Bénarès, les « Hindi selections » de Siva Praçâd (3).

D'après l'initiative d'un membre de la Société asiatique de Calcutta, Mr. F. S. Growse (4), qui en a fait à la Compagnie la proposition, appuyée par le Rév. James Long, cette Société a décidé la publication du grand poëme hindi du Kavi (poëte) Chand Bardaï, l'Homère des Rajputs, intitulé *Prithwî Râjâ Rôs* « Les Faits et Gestes de Prithwi », le dernier roi hindou de Dehli, ouvrage d'une inestimable valeur, non-seulement pour l'histoire, mais pour la philologie, à cause des particularités du dialecte hindi dans lequel il est écrit. Mr. Beames a offert de se charger de cette publication, et il est en ce moment en Angleterre occupé à collationner les deux manuscrits de ce poëme que possède la Société royale Asiatique de Londres et que j'ai moi-même examinés dans un de mes voyages. De son côté, le Babu Rajendra Lal Mitr,

---

(1) Intitulé *Rukminî Mangal* « la Joie de Rukmini », in-8° de 80 p.

(2) Grâce à Mr. Beames je possède un exemplaire du *Bhâgavat* illustré, ou pour mieux dire, du dixième chapitre de ce livre traduit en vers urdus par le Munschi Jag-Nàth, gr. in-8°, imprimé à Lahore en 1280 (1863-1864), 124 p. de 26 lignes de deux vers chacune par page.

(3) Voir des détails peu élogieux sur cette publication dans le *Literary Record* de Trubner, n° 39. Mr. R. Perkins a aussi publié cette année à Lahore un choix de morceaux urdus (*Muntakhabât-i urdu*), in-8° de 314 pages.

(4) Ce savant, suivant en cela l'exemple de Mr. Eichhoff, qui a traduit en vers latins de nombreux passages du *Râmâyana*, a traduit aussi en vers latins le poëme hindi du *Sabhâ vilâs*.

qui est parvenu à se procurer deux manuscrits de cet ouvrage (1), veut le publier textuellement en entier. De toute façon on est en droit d'espérer que ce poëme sera enfin édité et qu'on songera aussi à en donner une traduction complète accompagnée d'éclaircissements satisfaisants.

Parmi les livres en hindoustani-urdu que j'ai reçus, ou dont j'ai vu l'annonce, je mentionnerai seulement une collection de poëmes érotiques de différents auteurs, imprimée à Dehli sous le titre de *Majma' dilpaçand* « Collection agréable à l'esprit »; un autre recueil de gazals urdus lus dans les réunions poétiques (*muschâ'ara*) que tient mensuellement chez lui le Babu Hari Chandra, à l'instar des réunions du même genre qui avaient lieu sous le gouvernement musulman à Dehli, à Agra, à Lakhnau, etc.; le *Zahr-i 'ischc* « le Poison de l'Amour », poëme publié avec illustrations; le *Chirâg-i Hidâyat* « la Lampe de la direction », leçons morales, par le Munschi Muhammad Ali; le *Jazb ulculûb* « l'Attraction des cœurs », traduction urdue d'un ouvrage persan célèbre (2); le *Husn o dil* « l'Esprit et la beauté », traduction de l'ouvrage allégorique persan qui porte ce titre; le *Tawârîkh-i jahân* « Notions historiques sur le monde », d'après les opinions diverses touchant la

---

(1) Dans les *Proceedings* de la Société Asiatique du Bengale, N° VII (juillet 1868), il est question de trois manuscrits de Chand : 1° celui de la bibliothèque du collége d'Agra, à qui il a été donné par le Maharaja de Jaïpur et que Mr. Beames a eu à sa disposition; 2° celui du Maharaja de Bénarès, prêté à la Société Asiatique du Bengale; 3° celui du Rao de Baedlah. Le Babu Rajendra Lal Mitr en possède-t-il deux autres manuscrits différents de ceux-ci? c'est ce que j'ignore.

(2) Je dois à Mr. Beames d'avoir un exemplaire de cet ouvrage, imprimé à Lakhnau, grand in-8° de 288 pages de 32 lignes, et dont le titre complet est *Jazb ulculûb ilá diyâr ulmahbûh* « l'Attraction des cœurs vers les tabernacles du bien-aimé (Mahomet) », c'est-à-dire de Médine, où se trouve le tombeau du prophète. L'original de cet ouvrage, écrit par 'Abd ulhacc en 1592, offre la description circonstanciée non-seulement du tombeau de Mahomet, mais des autres tombeaux et de tous les monuments de Médine.

création (1); une nouvelle *Materia medica,* en hindoustani, par un docteur musulman (2), et la publication des Documents statistiques sur les provinces nord-ouest, publiés par l'ordre du lieutenant gouverneur, sous le titre de *Tarîkh-i azlâ'* (3) « Chronique des districts ».

Mr. Pearson, inspecteur des études du cercle de Rawal Pindi, a entrepris d'écrire une Histoire de l'Inde en urdu avec l'aide d'un savant musulman connu par la pureté et l'élégance de son style, et à ce propos je dois faire savoir que l'Histoire de l'Inde écrite en hindi par le Babu Siva Praçad, sous le titre *Itihâs Timir nâschak* « Histoire destructive de l'ignorance », a été reproduite en urdu; et que Piyari Lal, principal de l'école normale de Dehli, est officiellement chargé d'écrire une « Histoire d'Angleterre » d'après le « Student's Theme », texte adopté par l'université de Calcutta.

Contrairement à ce qu'on aurait pu attendre, on va publier à Bombay, dans la langue des Mahrattes (4), avant de le faire en hindoustani, la traduction de l'ouvrage de la reine d'Angleterre intitulé : « Leaves from a journal of our life in the Highlands », qui a eu tant de succès en Europe. L'éditeur a obtenu non-seulement la permission de faire cette publication, mais il a même reçu les planches des *illustrations* de l'ouvrage original pour les reproduire dans le sien.

Je dois au capitaine W. R. M. Holroyd, le nouveau directeur de l'instruction publique au Penjab, aussi zélé que son prédécesseur pour la culture de l'urdu, un exemplaire du premier fascicule d'un ouvrage intitulé *Ruçûm-i Hind* « les Usages de l'Inde », qui consiste en une esquisse des systèmes religieux et des principales sectes des Hindous et des musulmans, avec différentes anecdotes destinées à montrer dans

---

(1) Dehli, 128 pp. in-8°.
(2) Lahore, 518 pp. in-8°.
(3) Pluriel du mot arabe *zillah*, division territoriale, district, province.
(4) *Indian Mail* du 4 novembre 1868.

la pratique les mœurs et les habitudes de la vie domestique des Indiens du nord. Le *Ruçûm-i Hind* a été rédigé à la recommandation d'une commission formée à Lahore en 1864, et nommée par le gouvernement pour préparer de bons ouvrages écrits en hindoustani, commission dont Sir D. Mac Leod, aujourd'hui lieutenant gouverneur du Penjab, était président (1). La portion narrative du *Ruçûm-i Hind* est rédigée aussi simplement que le permet le style oriental, et les conversations qui y ont été introduites sont tenues dans le langage qui est maintenant employé par les personnes mises en scène. Le capitaine Holroyd a été aidé dans la compilation de cet ouvrage par un Hindou, premier inspecteur de l'école normale, par un musulman, professeur d'arabe au collége de Dehli, et par d'autres indigènes instruits.

Le même capitaine Holroyd a mis au concours, pour le 31 mars 1869, la composition de quatre ouvrages rédigés en urdu, aux meilleurs desquels il sera donné un premier et un second prix. C'est à savoir : 1° des principes de grammaire générale; 2° une grammaire spéciale pour le persan; 3° des anecdotes tirées de l'histoire de l'Inde, accompagnées de quelques détails sur les événements remarquables de cette histoire et sur les personnages qui y ont pris part; 4° la traduction du livre d'Euclide. Ces ouvrages devront être écrits en style simple, et autant que possible sans phrases ni composés persans. Le directeur de l'instruction publique se réserve le droit d'y faire, avant de les livrer à l'impression, les corrections et les changements qui lui paraîtront désirables (2).

En fait d'ouvrages élémentaires, je mentionnerai la série des « Urdu school readers », petits traités encyclopédiques

---

(1) Le gouvernement a décidé que la plupart des ouvrages préparés par cette commission seraient publiés à Lahore.

(2) L'*Akhbâr-i 'âlam* du 13 août 1868 donne tout au long le programme détaillé du concours; mais ce que je reproduis ici me paraît plus que suffisant pour le cadre de ma revue.

publiés sous la direction de Mr. S. W. Fallon pour les écoles du Bihar dont il est inspecteur, et rédigés par le Munschi Suraj Mal, chargé par délégation de l'inspection des écoles de Patna et d'Allababad, sous le titre de *Urdu amoz* « l'Instruit par l'urdu ». Ces opuscules, dont Mr. Fallon a bien voulu m'envoyer les premiers numéros (1), sont rédigés à l'orientale, la prose sèche de la théorie étant entrecoupée par des vers plus faciles à retenir que la prose par les élèves auxquels cette publication est destinée.

Le Maharaja de Bénarès veut faire traduire de l'anglais en urdu la grande Encyclopédie britannique (Encyclopedia britannica), qui a beaucoup de réputation en Angleterre, et il offre pour effectuer ce vaste travail la somme de dix mille roupies (25,000 fr.), mais à condition que l'administration anglaise en fournisse autant, la somme de vingt mille roupies (50,000 fr.) lui paraissant nécessaire pour l'entreprise (2). J'ignore si cette proposition a été acceptée, et si le travail dont il s'agit pourra être accompli.

Le secrétaire d'État pour l'Inde a autorisé la publication d'une édition, destinée au public, de la grande collection photographique représentant les races et tribus de l'Hindoustan, travail originairement préparé par l'ordre du gouvernement, sous l'administration de Lord Canning. De cette édition, qui formera huit volumes très-grand in-4°, contenant chacun quatre cent cinquante photographies accompagnées d'explications, les deux premiers ont paru.

Le vice-roi gouverneur général a pris pour le Bengale une mesure fort louable, qu'il est à désirer qu'on étende à toute l'Inde. Depuis juillet dernier, les livres et journaux qui s'impriment dans cette présidence sont enregistrés. Le gouvernement achètera trois exemplaires de *chaque publication*

---

(1) Grand in-8° de 36 et de 68 pages, 1868.
(2) *Akhbâr-i 'âlam* du 6 février 1868.

*faite par les indigènes* (1), dont un sera adressé à la Société Royale Asiatique de Londres, où on pourra en prendre connaissance, et, dans tous les cas, dont on saura au moins le titre, que donnera sans doute dans son journal l'honorable compagnie.

Les publications hindoustanies chrétiennes ont encore été nombreuses cette année, à Amritsir, à Lahore, à Mirzapore, à Bareilly, à Lakhnau, etc. Un bon nombre de ces écrits ont été publiés par des dissidents, spécialement par des wesleyens ou méthodistes, tant épiscopaux que presbytériens. Je me bornerai à en mentionner trois, c'est à savoir : « L'explication des passages difficiles de la Bible » (2) ; une comparaison entre la Bible et le Coran, et le *Jang-i mucaddas* « la Guerre sainte », traduction de Mrs. Walsh, femme du Rév. J. J. Walsh d'Allahabad, du *Holy war*, de J. Bunyan, dont le *Pilgrim's Progress* a été traduit, comme Robinson Crusoé, dans toutes les langues du monde.

On peut classer, si ce n'est parmi les ouvrages chrétiens, du moins parmi ceux qu'on pourrait appeler demi-chrétiens, le commentaire musulman aussi savant qu'original de la Bible en urdu, par le Saïyîd Ahmad Khan. J'en ai enfin entre les mains la seconde partie, dont la bienveillante amitié de Mr. M. S. Howell m'a gratifié (3), et qui est aussi curieuse que la première (4). Celle-ci a pour épigraphe ce verset du Coran : « Nous avons envoyé le Pentateuque, qui contient la direction et la lumière, par lequel les prophètes, véritables

---

(1) *Awadh Akhbár* du 28 mars 1868.

(2) Les éclaircissements sur ces passages difficiles sont puisés dans la Bible même ; car, comme l'a dit le poëte Cooper :

« Dieu nous interprète lui-même sa parole, et il sait la rendre intelligible. »

   God is His own interpreter
   And He will make it plain.

(3) In-4° de 368 pages, sur deux colonnes, Aligarh, 1865.

(4) Voir l'analyse que j'ai donnée de la première partie, discours de 1863, p. 9 et suiv.

croyants, ont jugé les juifs. Les docteurs et les prêtres ont aussi jugé d'après le livre de Dieu, qu'ils conservent en témoignage. Ne craignez pas les hommes, mais craignez-moi, et ne vendez pas ma parole (mes signes) pour un vil prix (1). »

Après une introduction générale à l'Ancien Testament, dans laquelle l'auteur traite de la classification des livres qui le composent, et où il réfute les objections qui ont été faites contre l'authenticité du Pentateuque, il donne les onze premiers chapitres de la Genèse verset par verset. D'abord la traduction hindoustanie, puis sur une colonne le texte original *en caractères hébreux*, chaque mot accompagné interlinéairement du mot hindoustani correspondant, et sur l'autre colonne les passages analogues du Coran et des *hadîs*; vient ensuite le commentaire sur chaque verset et même sur chaque expression, d'après les idées éclectiques de l'auteur. Dans ce commentaire, le Saïyid analyse et explique en effet la signification des mots hébreux et du sens général du verset, avec de nombreuses citations à l'appui. Il cite la Vulgate, la traduction officielle anglaise et beaucoup d'autres traductions; il mentionne les explications juives et chrétiennes (catholiques et protestantes), puis celles qu'on peut tirer du Coran d'après les commentateurs, les docteurs de l'Islam et les opinions généralement reçues chez les musulmans. Il réfute les objections des rationalistes tout en leur faisant les concessions que permet le texte largement compris.

Ce travail est réellement très-intéressant à cause qu'on y trouve réunie à l'érudition occidentale l'érudition orientale, relevée par des citations poétiques d'un heureux à-propos. Je regrette que les limites de ce discours ne me permettent pas de citer quelques pages de ce remarquable écrit, celles par exemple qui ont trait à l'universalité ou à la spécialité du déluge. Après avoir exposé les raisons pour et contre, le

---

(1) Surate V, vers. 48.

Saïyid conclut pour un déluge partiel (qu'il défend contre le fameux Dr. Colenso, qui ne l'admet pas même), en se fondant sur l'explication que donne saint Pierre *par inspiration* (1) dans sa première épître catholique, en ces termes : « Les âmes des hommes (les esprits) qui avaient été autrefois incrédules du temps de Noé, lorsque la patience de Dieu attendait pour la dernière fois, pendant qu'était construite l'arche dans laquelle un petit nombre, savoir huit personnes (2) furent sauvées de l'eau (3) ».

Ce passage prouve, selon le docte auteur, qu'il s'agit d'un peuple mécréant et non de tout le monde. Il se fonde d'ailleurs sur les textes du Coran (4), desquels il résulte que Noé avait reçu de Dieu la mission de prêcher ses contemporains, et que c'est à cause de leur obstination à ne pas se convertir que Dieu envoya le déluge. Or, dit-il, Noé n'aurait pu prêcher dans le monde entier; mais il est aisé d'admettre qu'il ait prêché chez un peuple particulier.

La dissertation sur le déluge n'occupe pas moins de quarante-neuf pages, qui se font lire avec un vif intérêt et ne me paraissent pas indignes de l'attention du monde savant et religieux.

VII. Dans le courant de cette année, quelques nouveaux journaux hindoustanis ont vu le jour :

1° Le *Ratan prakâsch* « l'Éclat des joyaux », qui paraît hebdomadairement à Ratlam en Bandelkhand depuis mai dernier. Il est écrit en urdu, accompagné d'une traduction hindie. L'*Awadh Akhbâr* et l'*Akhbâr-i 'âlam* lui emprun-

---

(1) Voici les propres paroles du Saïyid : *Uskî tafsîl ilhâm sé sent Pitar né farmân di jahân farmâyâ...*
(2) Non compris sans doute les serviteurs ou esclaves chargés du soin des animaux domestiques.
(3) 1ʳᵉ Ep. de saint Pierre, ch. III, v. 19, 20.
(4) Voir les surates ou chapitres IV, 7; X, 37; XXIII, 23; LXXI, 1.

tent souvent des articles, et ce dernier journal fait l'éloge de sa rédaction pour le fond et pour la forme.

2° *Guiyân Pradâyani patrika* « Feuille pourvoyeuse d'informations », journal hindi mensuel d'un intérêt capital, qui paraît par cahiers in-8° depuis mars dernier. Il contient des traductions d'hymnes des Védas et d'autres livres sanscrits, avec commentaires, des articles philosophiques, scientifiques et littéraires, et les nouvelles importantes. Il est édité à Lahore par le Babu Nabin Chandar Raé, auteur d'une grammaire sanscrite rédigée en hindi.

3° *Akhbâr séïntifak* (scientific) *Soçaïati* (society) *Aligarh* « le Journal de la Société scientifique d'Aligarh. » Il paraît hebdomadairement depuis le commencement de cette année, en format in-4° sur deux colonnes, et il porte en hindoustâni ces mots pour épigraphe : « Permettre la liberté de la presse, c'est le fait d'un gouvernement sage; la conserver, c'est le fait d'un peuple libre (1) ». Le texte hindoustani (2) est quelquefois accompagné d'une traduction anglaise. Le numéro du 12 mai, que M. Howell a bien voulu m'envoyer, contient le compte rendu de la séance de la Société tenue le 9, et des lectures qu'on y a faites.

4° et 5°. Depuis 1867 il paraît deux journaux ou plutôt deux recueils périodiques qui contiennent la traduction en urdu de tous les actes et ordres du gouvernement, des décisions des cas par les principales cours de justice, etc. Ces recueils sont imprimés tous les deux à Lahore et ont le même éditeur. Le premier est intitulé *Ganj-i schâïgân* ou plutôt *schâïcân* « le Trésor des désireux », et le second *Anwâr usschams* « les Rayons du soleil. »

Je trouve cités dans l'*Awadh Akhbâr* et dans l'*Akhbâr-i*

---

(1) *Jâïz rakhnâ chhâpa kî azâdî kâ haï kâm ek dânâ siyâçat kâ aur bar qirâr rakhnâ uci azâdî kâ haï kâm ek azâd ra'iyat kâ.*

(2) On peut reprocher à ce texte avec Mr. Howell l'emploi inutile de beaucoup de mots anglais qui ont leur équivalent en urdu.

'*âlam* plusieurs autres journaux dont je ne connais pas autrement l'existence et dont je ne puis donner que les titres :

6° Le *Tilism-i haïrat* « le Talisman de l'étonnement » de Madras.

7° L'*Amîr ulakhbâr* « le Prince des nouvelles », *ibid.*

8° L'*Akhbâr-i sar rischta-i ta'lîm-i Awadh* « Nouvelles de l'instruction publique en Aoude ».

9° L'*Akmal ulakhbâr*, « le Parfait en nouvelles. »

10° Le *Ziyâ ulakhbâr* « l'Éclat des nouvelles. »

11° L'*Akhbâr-i muhtascham* « Nouvelles dignes d'attention. »

12° Il existe un journal de Debli intitulé *Dehli News*, lequel, d'après son titre, doit être rédigé en anglais. Toutefois, dans le procès du dernier Grand Mogol, il a été fait mention d'un journal portant le même titre (traduction anglaise peut-être du véritable titre hindoustani), dont le rédacteur transcrivait tout au long les exemplaires, qu'il portait lui-même à ses souscripteurs; sans doute fort peu nombreux.

Maintenant j'ai à signaler plusieurs nouveaux journaux religieux, dont deux publiés par des indigènes, c'est à savoir :

13° Le *Haquîquî 'irfân* « le Vrai savoir », journal mensuel chrétien rédigé par Imâd uddin (1), adressé aux musulmans d'Amritsir, où réside l'auteur. Ce journal paraît depuis janvier dernier par cahiers in-8°, et contient dans chaque numéro des études sur le christianisme et sur son divin fondateur : il est imprimé à la typographie de Lahore, appelée *Aftâb-i Panjâb* « le Soleil du Penjab ».

14° Le *Mawâ'iz 'ucba* « Avis pour le monde futur », autre feuille périodique chrétienne de format in-4°, éditée depuis 1867 à Dehli par deux Hindous convertis.

15° Le *Makhzan-i Macîhî* « le Magasin chrétien » (The Christian Treasury), journal mensuel publié par cahiers in-8°, en caractères latins, depuis juillet dernier, par le

---

(1) Voir ce que j'ai dit plus haut de ce musulman converti.

Rév. J. J. Walsh, d'Allahabad, et destiné au public chrétien de l'Inde, à qui il fournit à bon marché (1) des lectures à la fois instructives et édifiantes. J'en ai reçu les numéros qui ont paru jusqu'ici : ils sont fort intéressants même pour des lecteurs européens, et écrits en bon hindoustani (urdu). Chaque numéro se compose d'articles variés, de pièces de vers rhythmés à l'anglaise, et de la traduction publiée par fragments d'ouvrages religieux estimés.

J'ai peu à dire sur les articles des journaux hindoustanis que j'ai lus. Ces journaux plus que ceux des autres contrées entretiennent souvent leurs lecteurs *de la pluie et du beau temps ;* mais la pluie est souvent, surtout chez les Indiens, le beau temps, et ils l'appellent de tous leurs vœux. On trouve à ce sujet dans l'*Akhbâr-i 'âlam* (2) une prière en vers que le Maharaja de Balrampur composa pour demander à Dieu la cessation de la sécheresse qui désolait le pays, et d'y envoyer « la pluie de sa miséricorde », ce qui eut lieu en effet immédiatement, conformément, dit le rédacteur du journal, au verset du Coran (3) : « Invoquez-moi et je vous exaucerai. »

J'ai remarqué dans un autre numéro du même journal (4) un article de douze colonnes sur une grande chasse au lion et à l'éléphant exécutée par le même maharaja de Bahrampur. Le récit est en prose poétique pleine de métaphores orientales, et coupé par un long gazal de *'Acî*, poëte contemporain célèbre parmi ses compatriotes.

Mais il n'y a pas seulement dans le journal dont je parle des articles de ce genre, on y en trouve de fort utiles pour ses lecteurs. Tel est celui par exemple sur les voyages (5),

---

(1) Chaque numéro ne coûte que trois anas, c'est-à-dire quinze centimes trois quarts.
(2) N° du 13 août 1868.
(3) Surate XL, verset 62.
(4) N° du 4 juin 1868.
(5) N° du 12 mars 1868. Le Babu Siva Praçad a publié en caractères

article plein de bons conseils et de précieux avis, et dont voici quelques passages :

« Dans le pays de l'Hindoustan, y est-il dit, bien peu de ceux qui sont riches et possesseurs de dignités et de pouvoir s'occupent de choses généralement utiles. Quelques-uns seulement, qui ont des vues élevées et qui sont distingués par leur esprit et leur savoir, établissent à grands frais des écoles, des collèges et des sociétés, font bâtir des hôpitaux, des caravansérai, des mosquées ou des pagodes, et distribuent des aumônes aux pauvres et aux malheureux; mais aucun d'eux ne songe à voyager, à visiter les pays lointains, les îles et les presqu'îles de l'Europe, et s'ils ne le peuvent par eux-mêmes, y envoyer du moins à leurs frais des compatriotes voir les merveilles des contrées étrangères, et en retirer des avantages pour la science et le commerce. La plupart des rajas et des nababs restent pendant des mois entiers dans leurs palais, sans en sortir et sans s'occuper néanmoins en rien de l'administration de leurs domaines. Ainsi, quel dommage pourrait-il résulter pour les affaires du pays s'ils le quittaient pour un voyage d'agrément? Quant aux fatigues qu'ils appréhendent, on peut leur citer un vers persan qui a passé en proverbe depuis sept siècles : *Celui qui jouit des montagnes et du désert n'est pas malheureux; partout où il va, il dresse une tente et se forme une cour.....*

» D'ailleurs, actuellement, par les soins de l'administration européenne, les voyages sont très-faciles; on y trouve même les commodités dont on peut jouir chez soi. De grandes voies ont été ouvertes, des hôtels et des bureaux de poste ont été établis. Les routes sont sûres, et, au moyen des chemins de fer et des bateaux à vapeur, les voyages de centaines de kos s'effectuent promptement et à bon marché...

---

dévanagaris un article plus spécial concernant les voyages sur mer, intitulé : *Jahâz kâ safar* « Voyage en navire », in-4° de 8 pages.

» Il existe en Europe un si grand accord entre les souverains, tels que ceux de la Grèce, de la Russie, de la France, de l'Italie, du Danemark, etc., qu'ils vont se visiter les uns les autres dans leurs royaumes respectifs. Quant à l'Hindoustan, la Bégam, souveraine du Bhopal (1), est allée jusqu'à la Mecque : elle est ainsi restée pendant plusieurs mois hors de ses États. En faisant des centaines de kos par terre et par mer, elle a montré qu'elle a plus d'ambition intellectuelle que les potentats indiens dont nous parlons, qui ne veulent jamais quitter leur pays. En réalité, de tels hommes sont inférieurs aux femmes, ou plutôt ils ne sont ni hommes ni femmes..... »

Muhammad Wajâbat Ali, l'éditeur de l'*Akhbâr-i 'âlam*, qui est en même temps propriétaire et directeur de l'imprimerie lithographique de Mirat, appelée *Dâr ul 'ulûm* « la Maison des sciences », a établi aussi une imprimerie à caractères mobiles, à laquelle il a donné l'appellation anglaise de « Literary Press », et où il imprime le « General Advertiser », journal hebdomadaire d'annonces anglaises et hindoustanies. De plus, il tient dans le même établissement un dépôt de livres orientaux dont l'*Akhbâr-i 'âlam* donne de temps en temps la liste.

Dans l'*Awadh Akhbâr*, qui continue à paraître depuis dix ans avec un grand succès, et qui offre de temps en temps des *illustrations* à ses lecteurs, on trouve fréquemment des pièces de vers hindoustanis fort agréables à lire : des mukhammas, des cacîdas, des gazals, une description en vers de l'Hindoustan, par Farhat, écrivain hindoustani connu par différents ouvrages et notamment par une traduction urdue du *Prem Sâgar* publiée à Lakhnau, avec figures ; et, dans un des derniers numéros que j'ai reçus, un article sur

---

(1). Les dernières nouvelles annoncent que cette princesse, nommée *Sikandra* (Aléxandra), que les journaux indiens appellent une héroïne, est décédée le 30 octobre, à l'âge de cinquante ans.

l'hindoustani ou plutôt sur la nouvelle édition de « les Auteurs hindoustanis et leurs ouvrages », reproduit du journal de la Société scientifique d'Aligarh (1).

Le journal hindoustani de Gwalior, qui est à la fois publié dans les deux dialectes hindou et musulman, sur deux colonnes, donne dans son numéro du 14 juin une description pompeuse tout à fait orientale des réjouissances qui ont eu lieu à l'occasion du mariage de l'héritier du raja mahratte Sindia. En voici quelques lignes :

« Au grand *darbâr* tenu à l'occasion de ce mariage, la danse des bayadères, aussi belles que des fées et que des paons, attira l'attention de la planète de Vénus, et leurs gracieux mouvements excitèrent l'étonnement du firmament. Environ une heure avant le coucher du soleil, le marié quitta le palais royal pour aller accomplir la cérémonie du *pujâ* (sacrifice). Il était monté sur un éléphant couvert d'une étoffe brodée et sous un dais d'or; il était suivi des grands officiers de son père, tous aussi sur des éléphants hauts comme des montagnes, de la cavalerie que distinguait le plus élégant uniforme, de l'artillerie, des lanciers et des porte-drapeaux. Le cortége arriva au bruit de l'artillerie au palais de Kampi, dont la cour, à cause de l'éclat resplendissant du sol et de la beauté des tentures, pouvait être comparée au neuvième ciel, et qui était, à cause de la quantité des lampes et des lustres, plus brillante que le jour en plein midi, et devenue par l'effet de la musique et de la danse, pareille à la salle de bal d'Indra. Au côté occidental on avait dressé une estrade sur laquelle se trouvait la statue de

---

(1) Je remercie l'auteur de cet article, que je n'ai pas l'honneur de connaître, de la manière flatteuse dont il parle de mes modestes travaux. Je regrette seulement que dans l'article dont il s'agit (n° du 22 septembre 1868, page 909, ligne 23 de la première colonne), on ait imprimé par erreur typographique *angrézî* (anglais) au lieu de *farsî* (persan), ce qui fait un non sens.

Wischnu entourée de flambeaux et devant laquelle était d'un côté un magnifique coussin préparé pour le maharaja et un de l'autre côté pour le marié. Puis arriva le cortége de S. A. le Maharaja Chunna Raja, qui fut aussi salué par une décharge d'artillerie..... Bientôt commença la cérémonie du *pujâ*. On distribua aux assistants de l'essence de rose et du bétel; ensuite on tira un feu d'artifice dont la bruyante commotion fit épanouir et sourire les boutons des fleurs. La lune devint honteuse d'elle-même en voyant l'excellence des artifices nommés *anâr* (grenades) et *mâhtâbî* (clair de lune), tandis que les spectateurs qui les admiraient fourmillaient comme une légion de sauterelles..... »

Le Babu Hari Chandra, de Bénarès, un des savants hindous contemporains qui s'intéressent le plus à la littérature hindie dont il a entrepris de publier les productions, soit à part, soit dans le Recueil périodique intitulé *Kavi bachan sudhâ* « le Nectar des discours des poëtes », continue à m'envoyer bienveillamment les numéros de ce journal littéraire à mesure qu'ils paraissent. J'y distingue le *Prem ratan* « le Joyau de l'Amour », poëme écrit par une femme, la Bibi Ratan Kunwar; un autre poëme intitulé *Dilli barnan*, « Éloge de Dehli, » une anecdote tirée du Gulistan et traduite en hindi, un *Holî* ou « Chant de carnaval, » la Vie de Surdas, en vers et en prose, des Extraits des *Sahkîs* du fameux Kabir, des poëmes sur la Saison des pluies et sur d'autres sujets.

Le Babu annonce l'intention de publier la traduction en hindi des principales pièces du théâtre sanscrit, travail dans lequel il sera aidé par le Pandit Sital Praçad, auteur du *Siddhânta sangraha,* traduction hindie en collaboration du savant indianiste Fitz Edward Hall, du « Synopsis of Science », en vue de concilier la science européenne avec la science indienne.

Le Babu avait déploré, dans un numéro du *Kavi bachan sudhâ,* la cessation des représentations des *nâtak* (drames) hindis, notamment du *Janki Mangal* « la Joie (1) de Sita », dont il avait ensuite annoncé la prochaine représentation. Cette représentation, exécutée par des indigènes, a eu en effet lieu à Bénarès le 4 avril dernier, par ordre du maharaja de Bénarès, prince éclairé qui protège et encourage la culture de la littérature hindie. Les nombreux spectateurs se composaient du maharaja, de son fils, de son état-major, de beaucoup de notables indiens et des principaux habitants européens de Bénarès, qui y avaient été invités, y compris quelques dames. Un orchestre fit entendre des airs nationaux avant la pièce et pendant les entr'actes (2). Le *sutrdhár* (directeur) arriva d'abord et lut une sorte de prière ou d'invocation. Puis une actrice parut sur la scène et s'entretint avec le directeur sur ce qu'on pourrait représenter pour intéresser les spectateurs, tout comme on le voit dans les drames sanscrits. Cependant on entendit du bruit derrière la scène, et le directeur l'expliqua à l'auditoire, en disant que c'était Ram (*Râma*) qui était dans la forêt et qui avait fait ce tapage. Ce fut alors que la pièce commença.

Dans le premier acte, on voyait un jardin où était assise Parvati, femme de Siva, le dieu destructeur et déesse aussi de la destruction, plus connue comme telle sous le nom de Durga. Ram et son frère Lakschman entrent en scène et expriment l'espoir de voir arriver Janki ou Sita : puis ils demandent au jardinier la permission de cueillir des fleurs. Sur ces entrefaites, Sita arrive, suivie de ses dames

---

(1) C'est-à-dire « son mariage ». Sita est appelée *Janaki* ou *Janki*, du nom de Janak, roi de Mithila, qui l'avait élevée et la considérait comme sa fille. Le drame dont il s'agit a été écrit par le célèbre Tulcidas, et il a été imprimé à Mirat en 1864, à Agra en 1865, et à Lahore en 1867.

Ce drame paraît être la reproduction du premier acte du *Hanumân Nâtak*, proprement dit *Mahâ Nâtak* « le grand drame », pièce sanscrite dont H. H. Wilson a donné l'analyse dans son « Select specimens of the theatre of the Hindus », t. III, p. 49 et suiv., et dont la traduction hindie est mentionnée par *Râg Sâgar*.

(2) *Indian Mail*, 7 mai 1868.

d'honneur; elle salue la déesse, et se promène ensuite dans le jardin. Une de ses femmes accourt et lui dit qu'elle a aperçu dans la forêt un jeune homme dont la grande beauté l'a frappée. Le jeune homme dont il s'agit arrive bientôt et est à son tour ravi de la beauté de Sita. Au second et dernier acte, on voit une salle royale, où est assis Janak, père d'adoption de Sita. Les rois des différentes contrées arrivent revêtus de leurs costumes distincts pour demander Sita en mariage. Ram entre le dernier en scène. Lorsque tous ces princes sont assis, Janak leur annonce qu'il a fait vœu de ne donner sa fille qu'à celui qui pourra tendre l'arc placé dans la salle. Tous les princes essayent en vain; Ram non-seulement le tend, mais le met en pièces, et il devient l'époux de Sita.

VIII. Cette année, notre liste nécrologique est plus longue que de coutume. La mort semble s'être appesantie sur la classe qui nous intéresse; et d'abord est décédé, le 25 novembre de l'an passé, Gokuldas Tejpal, un des plus notables Hindous de Bhattia, grand promoteur de l'instruction chez ses compatriotes. Il avait établi une école de garçons, qui porte son nom, et il avait dépensé plusieurs lakhs de roupies à de bonnes œuvres, entre autres à la fondation d'un hôpital. Le *Rast Guftâr* « la Parole vraie », journal hindoustani de Bombay, annonce que ce personnage a légué en mourant un tiers de la fortune qu'il a laissée, c'est-à-dire dix lakhs de roupies (2,500,000 fr.) pour le développement de l'éducation chez ses compatriotes (1).

Le 30 novembre de la même année, est mort à Lakhnau, à l'âge de soixante-neuf ans, Mir Syed Muḥammad Khan Bahadur, père de Syed Abdoollah, que j'ai souvent eu l'occasion de mentionner dans mes allocutions. Il entra dès 1815 au service de la Compagnie des Indes, et en 1820 il fut

---

(1) *Times of India* (*Indian Mail*, 2 janvier 1868).

promu au poste de magistrat adjoint et de percepteur dans le Décan ; en 1835, au grade de magistrat et de percepteur à Jabbalpur, poste qu'il remplit, comme il l'avait fait du premier, avec zèle et talent. Contrairement à la majorité des musulmans ses coreligionnaires, qui, par fanatisme religieux sont opposés à l'éducation européenne et au progrès social, il secoua ces préjugés étroits, et bien que musulman orthodoxe et même saïyid ( descendant de Mahomet ), il n'hésita pas à envoyer, en 1839, son fils au collége de l'administration anglaise établi à Jabbalpur; et ce fils qui n'est autre que le Syed Abdoollah, fut le premier musulman qui apprit l'anglais dans ce collége.

Durant l'insurrection des sipahis en 1857, Syed Muhàmmad resta loyalement dévoué aux intérêts britanniques. Pendant que les Européens s'étaient retranchés dans l'hôtel de la résidence à Jabbalpur, et que la population indienne hésitait sur ce qu'elle devait faire, le saïyid resta ferme dans son attitude décidée. En considération de ses services, le gouvernement anglais lui décerna le titre honorifique de *Bahâdur*, et lui accorda une équitable pension de retraite dont il n'a malheureusement pu jouir que peu de temps (1).

Mon jeune ami l'habile *hindoustaniste* Ed. H. Palmer, en ce moment au Caire occupé à compulser les anciens manuscrits qui s'y trouvent avant d'examiner ceux du couvent du mont Sinaï qu'il va visiter en compagnie des autres membres de la commission de l'exploration du Sinaï (Survey of Sinai), Mr. Palmer, dis-je, a publié une complainte (*marciya*) en vers arabes de sa composition sur la mort de ce personnage, père du saïyid dont il est l'élève le plus distingué.

Le 24 janvier de cette année, le doyen des orientalistes européens, le respectable Dr. J. D. Macbride, s'est éteint dans sa quatre-vingt-dixième année. Il était professeur d'arabe

---

(1) *Times* du 10 janvier 1868; *Indian Mail* du 23 janvier 1868.

à l'université d'Oxford, et bien qu'il se fût spécialement occupé de cette langue, l'hindoustani ne lui était pas étranger. Son dernier ouvrage est une savante exposition de la religion musulmane et de ses progrès, avec des indications propres à sa réfutation (1). Il était le plus ancien membre honoraire de notre Société Asiatique, l'ami de son premier président S. de Sacy, à qui on doit la fondation de la chaire d'hindoustani, et il est allé maintenant trouver cet excellent chrétien dans « ce monde d'en haut où la séparation est inconnue, dans cette longue éternité d'amour dont les bons seulement font partie, dans cette sphère glorieuse où la foi voit transporter d'ici-bas les morts (2) ».

La cause du progrès chez les Hindous a fait une grande perte par la mort du Babu Ram Gopal Ghos (3), décédé à Calcutta, à l'âge de cinquante-trois ans, le 25 juin dernier. Il avait été membre du conseil d'éducation jusqu'à sa dissolution en 1855. Il fut éditeur de plusieurs journaux; il fonda ou contribua à fonder plusieurs sociétés littéraires; il établit une école et une bibliothèque à Tontoniah, et, toujours zélé

---

(1) Il est intitulé : « The Mohamedan Religion explained, with an introductory sketch of its progress and suggestions for its refutation. » In-8º, 1867.

(2)   There is a world above
      Where parting is unknown;
      A long eternity of love,
      Formed by the good alone;
      And faith beholds the dying here
      Translated to that glorious sphere.
                           MONTGOMERY.

(3) Ce nom me rappelle le compagnon du premier voyage de Miss Carpenter, le jeune Babu Mau Mohan Ghos, venu en Angleterre pour être reçu avocat. Ce jeune homme, bien que détaché de la religion idolâtrique de ses pères, ne s'est pas néanmoins fait chrétien; mais, chose singulière, étant fiancé à une jeune fille non nubile, il la fait élever dans un couvent *catholique (romain)* de Calcutta, non pour lui faire changer de religion, mais parce que, paraît-il, la réclusion monastique lui semble pareille à celle du zénana dans lequel sa femme est destinée à vivre. (*Indian Mail* du 6 août.)

pour l'éducation, il distribua aux élèves les plus méritants des différentes écoles de Calcutta cent exemplaires de « l'Histoire de l'Inde » de Marshman, quand parut la première édition de cet ouvrage (1).

Un autre décès, qu'il me paraît opportun de mentionner, c'est celui du fils du dernier rajah (nominal) du Maïçour sous le gouvernement du célèbre conquérant musulman Haïdar Ali, le Maharaja Krischna Raj Rudyar (2) Bahadur, que l'administration anglaise donna pour successeur en 1799 au vaincu de Seringapatam, *Tippou le Martyr*, comme le nomment les musulmans, lorsque ce prince n'avait encore que six ans. Ce maharaja, dis-je, est décédé à Bangalore le 27 mars dernier, et la crémation solennelle de son corps a eu lieu le lendemain. Il était généralement aimé, surtout par les indigènes, à cause de sa bienveillance et de ses nobles qualités. Le gouvernement anglais lui devait de la reconnaissance pour sa fidélité lors de l'insurrection des sipahis en 1857, car il aurait pu par sa défection ajouter aux difficultés de la situation et amener de nouvelles complications. Son fils adoptif, *Châm Râjindar Rudyar Bahâdur*, qui a le même âge que son père lorsqu'il fut appelé à régner, lui succède, et durant sa minorité son royaume sera administré, comme il l'avait été pendant plusieurs années du vivant de son père, par le gouvernement anglais. Il habitera le château de Bangalore, et c'est là qu'il recevra son éducation. La ville de Maïçour perdra sans doute en population ce que gagnera Bangalore, où il n'y avait pas il y a dix ans plus de soixante-dix mille habitants, et qui déjà maintenant en compte cent mille. Il est vrai que l'air de cette ville est excel-

---

(1) *Calcutta Review*, février 1868, p. 511.
(2) Je me conforme pour l'orthographe de ce mot à l'*Awadh Akhbár* (du 14 juillet 1868) qui emploie d'ailleurs un *R* cérébral; mais les journaux anglais l'ont écrit les uns *Wudayer*, les autres *Wodiar*.

lent, et que le chemin de fer qui la relie à Madras fait pour ainsi dire des deux villes une seule ville (1).

Richard Haughton, un de mes condisciples du cours d'arabe de l'éminent orientaliste S. de Sacy, frère de feu Sir Graves C. Haughton, associé étranger de notre Académie des inscriptions de l'Institut de France, a terminé le 5 avril dernier son honorable carrière, à l'âge de quatre-vingt-six ans, à Ramsgate, où il s'était retiré depuis bien des années. Il s'était beaucoup occupé d'hindoustani, et il fut longtemps professeur de langues orientales au collége militaire d'Addiscombe; mais la faiblesse de sa vue, qu'il perdit tout à fait ensuite, l'obligea de se démettre de ses fonctions, et ne lui permit pas de se faire connaître comme il aurait mérité de l'être dans le monde savant.

J'ai aussi perdu un vieil ami en la personne de Duncan Forbes, ce docte et laborieux orientaliste, si connu par ses utiles et nombreux ouvrages (2), spécialement par son dictionnaire hindoustani, qui a supplanté celui de Shakespear comme celui d'Alexandre l'a fait pour le grec en France à l'égard de celui de Planche, et par son enseignement oral sur cette langue, qui était à lui, comme elle l'est à moi, sa langue de prédilection.

Né en 1798 dans une petite ville d'Écosse, après ses années d'études qu'il passa péniblement, mais avec succès, Forbes alla à Calcutta où il demeura deux ans seulement, contraint de retourner en Europe par raison de santé. C'était

---

(1) *Awadh Akhbâr* du 14 juillet 1868.
(2) Voici la liste de ses ouvrages sur l'hindoustani ;
1. *Hindustani Grammar;* 2. The *Bagh o Bahar,* with a complete vocabulary; 3. The *Tota Kahani,* id.; 4. The *Ikhwan ussafa;* 5. The *Baital Pachisi;* 6. Oriental Penmanship; 7. Hindustani-english and english hindustani Dictionary in the persian characters with the hindi words in nagari characters. De plus, en caractères romains, une édition du Dictionnaire et un abrégé du même Dictionnaire ; un Manuel hindoustani et un *Bagh o bahar.*

en 1826, et ce fut alors que je fis sa connaissance. Élève comme son ami Sandford Arnot, mort à la fleur de l'âge en 1834, du célèbre Gilchrist, il le suppléa d'abord dans son cours, puis, avec S. Arnot, il fonda l'*Oriental Institution* de Londres, dont j'essayai d'établir à Paris l'analogue, encouragé par mes maîtres, S. de Sacy et J. Shakespear. En 1837, il fut nommé professeur de langues orientales au *King's College* de l'université de Londres, et en 1843 docteur en droit. Ses ouvrages élémentaires se distinguent par leur clarté, comme il en était de son enseignement. Ses élèves, tant directs qu'indirects, sont innombrables, et tous sont pleins d'estime et de respect pour sa mémoire. Il avait réuni une belle et précieuse collection de manuscrits dont il avait jugé à propos de se défaire il y a trois ans, et dont j'ai pu acquérir quelques volumes qui ne sont pas les moins précieux de ma bibliothèque. Ce savant modeste a été toute sa vie le modèle le plus parfait du véritable homme de lettres. Il ne s'est jamais occupé de questions politiques ni de discussions religieuses, mais seulement avec conscience et honnêteté de ses travaux littéraires. Il est vrai qu'il était resté garçon, comme ses collègues Shakespear, Quatremère et Grangeret de Lagrange, et que les soins de la famille ne le détournaient pas des labeurs incessants auxquels il s'est livré avec ardeur toute sa vie, terminée à Londres le 17 août dernier. Honneur à sa mémoire, et qu'il repose en paix!

Enfin, j'ai encore à enregistrer la mort de deux Hindous éminents, décédés dans le même mois; c'est à savoir : Gajala Lachmanarsu Chatty, membre du Corps législatif de Madras, un des principaux promoteurs du journalisme hindou, de la littérature moderne (vernacular) et de l'éducation donnée au moyen de la langue hindoustanie et des autres dialectes locaux; et Prossonno Coomar Tagore, babu d'une grande intelligence, connu en Europe par son commentaire écrit en excellent anglais sur la loi hindoue adoptée en Mithila (le Tirhut actuel), d'après l'original sanscrit (1). Ce dernier personnage, mort à soixante-sept ans à Calcutta, bien que possesseur d'une immense fortune, se livra dès sa première jeunesse à l'étude de la littérature et des lois de son pays, et il apprit si bien la langue anglaise qu'il put publier, avant l'âge de vingt ans, un journal écrit en anglais et intitulé *The Indian Reformer* « le Réformateur indien ». Des opérations commerciales dans lesquelles il ne réussit pas lui firent perdre une partie de sa fortune. Il entra alors dans le barreau où il eut beaucoup de succès, grâce à sa profonde connaissance des lois. Puis, après avoir rempli plusieurs fonctions considérables dans la magistrature, il fut nommé en dernier lieu membre du Corps législatif, poste que sa santé altérée ne lui permit pas de remplir. On cite avec éloge sa générosité et sa bienfaisance envers ses coreligionnaires. Agrégé (fellow) de l'Université de Calcutta, il prenait le plus grand intérêt au développement de l'éducation et au progrès des études. Il fut un des fondateurs du « British Indian Association (2) »; mais il s'en retira lors de la conversion au christianisme de son fils le Babu Gamendra Mohan Tagore, avocat au *High Court* de Calcutta, s'étant désormais dégoûté des idées de réforme religieuse hindoue auxquelles il était d'abord enclin. Il est mort dans le sein du paganisme, immergé dans le Gange au moment de son décès, laissant un revenu annuel de 20,000 roupies (50,000 fr.) à l'idole de sa famille (3), et déshéritant son fils, qui reste sans fortune; exhérédation fort hono-

---

(1) Il est intitulé : *Vivada Chintamani*, Calcutta, 1863, in-8° de LXXXVI et 340 p.

(2) Cette association vient sagement de s'opposer à la proposition qui avait été faite d'un impôt spécial pour l'éducation en remplacement des dons volontaires. (*Homeward Mail* du 5 octobre 1868.)

(3) Ses legs se montent en tout à un million de roupies (2,500,000 fr.), sur lesquels il a heureusement laissé trois cent mille roupies (750,000 fr.) à des institutions charitables.

— 72 —

rable pour lui, qui prouvera, s'il l'accepte sans murmure, la sincérité de sa conversion, et qui ne l'empêchera, en aucune façon, d'aimer et de servir son pays; car les Indiens citent souvent ce proverbe arabe : « L'amour de la patrie est aussi sacré que la religion » : *Imân, hubb ul-wutan*.

GARCIN DE TASSY,
Membre de l'Institut, etc.

www.ingramcontent.com/pod-product-compliance
Lightning Source LLC
LaVergne TN
LVHW020955090426
835512LV00009B/1915